A Cidade do Século XIX

Coleção Debates
Dirigida por J. Guinsburg

Equipe de Realização – Edição de Texto: Marcio Honorio de Godoy; Revisão: Jonathan Busato; Produção: Ricardo W. Neves, Sergio Kon e Lia N. Marques.

guido zucconi
A CIDADE DO SÉCULO XIX

TRADUÇÃO E NOTAS: MARISA BARDA

 PERSPECTIVA

Título do original italiano:
La città dell'Ottocento

© 2001, Gius Laterza & Figli S.p.a. Roma-Bari, Brazilian edition published by arrangement with Eulama Literary Agency, Roma.

Dados Internacionais de Catalogação na Publicação (CIP)
(Câmara Brasileira do Livro, SP, Brasil)

Zucconi, Guido
 A cidade do Século XIX / Guido Zucconi; [tradução e notas Marisa Barda]. – São Paulo: Perspectiva, 2016. – (Debates; 319)

 2. reimpr. da 1. ed. de 2009
 Título original: La città dell'ottocento.
 Bibliografia.
 ISBN 978-85-273-0867-0

 1. Arquitetura – Europa – Século 19 – História 2. Cidades – Europa – Século 19 – História 3. Planejamento urbano – Século 19 4. Urbanismo – Século 19 I. Barda, Marisa. II. Título. III. Série.

09-07120   CDD-711.4094

Índices para catálogo sistemático:

 1. Cidades: Século 19: Arquitetura : História   711.4094

1ª edição – 2ª reimpressão

Direitos reservados em língua portuguesa à

EDITORA PERSPECTIVA S.A.

Av. Brigadeiro Luís Antônio, 3025
01401-000 São Paulo SP Brasil
Telefax: (11) 3885-8388
www.editoraperspectiva.com.br

2016

SUMÁRIO

INTRODUÇÃO.
A CIDADE NA ÉPOCA DA EXPANSÃO
    Definições 13
    Indústria e Crescimento Urbano 18
    Novas Tipologias Urbanas 24
    A Era do Desenvolvimento 27
    Além dos Limites Tradicionais 31

1. FORMA E LIMITES DA CIDADE
    A Demolição das Muralhas 37
    Novos Anéis 42
    Paris e Haussmann 45
    O Modelo de Haussmanização 49
    Londres e a Lógica do "Estate" 52

Comparação entre Londres e Paris............................ 56

Arquivo
O Royal Estate de Regent's Park............................61
Os "Bastiões" de Milão..62
O "Ring" de Viena..63
O "Ring" de Temesvár/Timisoara 64

2. A TEORIA: A CIDADE COMO SUJEITO ESPECIALIZADO

Descrição e História da Cidade................................ 65
A Representação Cartográfica................................... 68
A Análise Estatística 73
A Topografia e a Estatística....................................... 75
A Contribuição dos Militares.................................... 78
Hidráulica e Urbanismo.. 81

Arquivo
Levantamento de Veneza 85
Corfu, de Praça Fortificada Militar a Capital.....86
Odessa, Cidade de Implantação Militar 87
Barcelona e Cerdà...88

3. LINHAS, REDES E FLUXOS

Novas Linhas de Interligação 91
A Regularização das Águas Urbanas........................ 95
Hegemonia das Águas 98
Gás e Outros Serviços em Rede 100
O Esgoto... 105

Arquivo
O "Grande Traçado Viário em Cruz" de Paris, Roma e Madri......................................108
Munique e o Eixo de Travessia...........................111
Londres e o Tâmisa 112
Paris e os Fluxos Hídricos...................................113

4. NOVOS EQUIPAMENTOS URBANOS
Capitais da Primeira Metade do Século XIX........... 115
Os Edifícios para o Culto... 120
Town Hall, Stadthaus, Hôtel de Ville..................... 122
O Teatro.. 124
Outros Lugares da Cultura 127
Os Edifícios do Governo... 129
O Exemplo da Cidade Colonial 132

Arquivo
A "Neue Stadt" dos Reis da Baviera 134
A "Town Hall" de Manchester............................135
A Praça e o Teatro alla Scala 136
A Grande "Parade Architecturale" de Viena 137

5. OS LUGARES DO HABITAR E OS LUGARES DO TRABALHO
Cidades Inglesas e Cidades Continentais 139
Subúrbios e Bairros de Casas................................... 145
O Bairro dos Negócios 151
Estabelecimentos e Bairros Industriais 155
A Rejeição da Cidade Industrial 159

Arquivo
"Mietkasernen" em Berlim 162
Especulação Imobiliária em Estocolmo 163
Bedford Park, o Primeiro Subúrbio-Jardim.......164
Alexandria do Egito, a Cidade-Empório 165
Manchester, a Cidade "Patchwork".....................166

6. OS LUGARES DO ÚTIL E OS LUGARES DA CURA
Hospitais, Cemitérios, Escolas 167
Os Lugares do Comércio... 170
A Estação Ferroviária 172

As Exposições Universais............ 176
Lugares para a Cura do Corpo 179
Cidade e Equipamentos para a Praia......... 181

Arquivo

O Hospital com Pavilhões...............187
Les Halles de Paris............188
A Galeria dos Mercadores em Moscou............189
*A Grande Loja de Departamentos
"Bon Marché" em Paris............190*
A Galeria Vittorio Emanuele em Milão............191
As Estações de Berlim............192
Vichy, Cidade para a Cura e para o Lazer........194
Nice, a Nova Cidade Turístico-Receptiva.........195

Bibliografia 197
Índice de Lugares............ 203

ABREVIATURAS

ABZ   *Allgemeine Bauzeitung*, Berlin
ACA   *Annali di Costruzioni, Arti Industriali*, Milano
ARC   *L'Architecture*, Paris
BLD   *The Builder*, London
CTG   *Chicago Traveller's Guide*, New York, 1895
DBZ   *Deutsche Bauzeitung*, Berlin
EDP   *L'Exposition de Paris*, Paris, 1889. Catálogo da exposição
EDU   L. Dodi, *Elementi di urbanistica*, Milano, 1945
EPB   *Una exposiciò de plans de Barcelona*, Barcelona, 1920. Catálogo da mostra
HCP   P. Narjoux, *Les Halles centrales de Paris*, Paris, 1883
HDP   M. Raval, *Histoire de Paris*, Paris, 1941
ILF   *Illustration Française*, Paris
ILI   *Illustrazione Italiana*, Milano
MDH   *Museu da Higiene*, Paris
MHP   *The Modern Hospital*, London, 1911
MPI   J. Elmes, *Metropolitan Improvements*, London, 1829
MRV   *Mappa della Regia Città di Venezia*, Venezia, 1859
MTK   *Malerische Topographie des Königsreich Bayern*, München, 1830
NBB   *Neues Bauten in Berlin*, Berlin, 1890, 2 v.
OMP   Ordnance Map Survey
PSS   *Paris dans sa splendeur*, Paris, 1880

RCA *Reconstructing Chicago After the Great Fire*, Chicago
RMC *Rapport sur la marche et les effets du choléra*, Paris, 1834
SDB J. Stübben, *Der Städtebau*, Berlin, 1924
STB *Der Städtebau*, Berlin-Wien, 1890
TPR *Town Planning Review*, London
VSI *Vienne avec ses illustrations et un plan de la ville*, Zürich, 1886

INTRODUÇÃO.
A CIDADE NA ÉPOCA DA EXPANSÃO

Definições

São inúmeras as expressões com as quais pode ser definida a cidade do século xix: de "cidade da revolução industrial" a "cidade na época da expansão", de "cidade do progresso técnico" a "cidade do ciclo haussmaniano"; com essas definições se tem vontade de enfatizar o peso que a Paris do século xix teve e suas transformações edilícias. Parece-nos, porém, que a expressão "cidade de ontem" é mais convincente, porque nos remete a um tempo não remoto e a uma série de imagens ainda perceptíveis. Principalmente quem nasceu antes dos meados do século xx entende que muitas das características da cidade do século xix foram incorporadas ao cenário no qual ainda hoje vivemos e nos movimentamos.

O século XIX, de fato, configurou alguns tipos fundamentais da paisagem atual. Entre outros, nos deixou as estações ferroviárias e os estabelecimentos industriais, as galerias comerciais e as lojas de departamentos, os bairros de edificação pública e as orlas marítimas. Marcel Proust introduziu, na nossa sensibilidade de contemporâneos, alguns lugares ligados àquela determinada época, transformando-os em arquétipos universais. Nas páginas de *Recherche*, o *grand hôtel*, a praia, o *restaurant* parecem ser expressão atemporal, mas é no século XIX que devem ser procuradas suas origens históricas.

Na realidade, muitos dos *tipos* do século XIX não podem ser considerados totalmente novos. Eles devem ser lidos em um contexto mais amplo que, além da "cidade de ontem", inclui também a "cidade de anteontem". Fica, porém, um dado basilar, que se torna evidente em tempos diversos, segundo o contexto: entre o século XVIII e o século XIX, inicia-se um excepcional ciclo de expansão que se arraiga na cidade e, no que se refere à Europa, não teme confrontos com outras épocas. Aqui, durante o século XIX, o processo modela hierarquias urbanas que não mudarão mais adiante. É verdade que, por exemplo, três capitais mediterrâneas, Roma, Madri e Atenas, triplicarão o número de habitantes durante o século XIX, mas, a progressão numérica resultará inscrita em um papel já conferido no século precedente. Para, no século XX, encontrar grandes cidades nascidas do nada ou para individuar centros de ascensão clamorosa, como o foram Manchester e Odessa, no século XIX, deveremos ir para o Pacifico ou, de qualquer forma, para zonas extraeuropeias.

A cidade do século XIX parece ter sido dominada por fatores dinâmicos, principalmente nas comparações com o período anterior. Durante os séculos XVII e XVIII, mesmo se a referência eram centros em crescimento, o universo urbano correspondia a uma noção de equilíbrio entre suas diversas componentes.

Se excluímos os centros investidos pelos grandes tráfegos interoceânicos, a ideia de cidade do Antigo Regime acabava, de fato, por corresponder a uma entidade estática, mesmo quando resultava marcada por certa vitalidade econômica e demográfica. Em outras palavras, a ascensão quantitativa de cidades como Amsterdã, Plymouth ou Nantes não correspondia a um senso de estabilidade geral das mesmas hierarquias urbanas. Em um quadro pouco dinâmico, a supremacia inicial de algumas cidades era mantida inalterada por toda a Idade Moderna: é o caso – entre as grandes cidades italianas – de Nápoles, a única que se aproxima aos quatrocentos mil habitantes e, portanto, ao limiar quantitativo que é o de metrópoles como Paris e Londres. Na Europa de então eram mais comuns cidades com uma média de cem mil e duzentos mil indivíduos como Viena, Barcelona, Colônia, Lion, Lisboa e Amsterdã, e um numeroso grupo de centros italianos correspondentes a uma estrutura policentrica de poder consolidada.

A partir de certa data, variável de lugar a lugar, o impulso dinâmico será ministrado antes pela demografia e depois pela economia. Se pudéssemos descrever o andamento através dos movimentos de um relógio, notaríamos que os ponteiros, no século XIX, começam a girar cada vez mais rapidamente; após um longo período de pausa, o fenômeno se torna visível no século XVIII, para manifestar-se, principalmente no século sucessivo, em todas as suas implicações econômicas, sociais e territoriais.

Às vésperas da Primeira Guerra Mundial, a população europeia era de 473 milhões de habitantes, mais que o dobro dos cerca de 190 milhões calculados cem anos antes. É verdade que o surpreendente crescimento demográfico comprometeu, de maneira desigual, as diversas áreas da Europa: na primeira metade do século XIX essa desigualdade se refere somente à Inglaterra, depois é notada na Bélgica a partir de 1830 e na França depois de 1850. A Alemanha, a Itália e a Espanha chegarão à mesma escala com intervalos, em tempos diferentes, e somente após o último quarto de século. O fenômeno determinará, em todo lugar, concentrações de população e de recursos nos centros urbanos: um verdadeiro

15

"ciclo de urbanização" que varia de contexto a contexto, mas que estabelece, em todo lugar, a prevalência quantitativa e qualitativa da cidade, segundo proporções inimagináveis precedentemente. O desenvolvimento do ciclo irá bem além do século xix e acabará por caracterizar a Idade Contemporânea. Existe um parâmetro que, em longo período, faz perceber, de maneira eficaz, o processo de concentração do excedente demográfico: o equilíbrio entre a porcentagem da população rural e da população urbana (incluindo, nessa categoria, os habitantes de centros com mais de vinte mil habitantes). A Grã-Bretanha atinge esse nivelamento em 1850, a Alemanha em 1900, a França em 1930 a Itália em 1950.

A multiplicação do número de metrópoles é outro dado que caracterizará o ciclo de urbanização do século xix. Em 1914 são 22 as cidades que alcançaram um milhão de habitantes, enquanto no início do século xix só Londres tinha essa população: nas vésperas da grande guerra, enquanto existem oito metrópoles europeias, na Ásia teremos dez e as Américas apresentam quatro (Nova York, Chicago, Filadélfia, Rio de Janeiro).

De qualquer forma, trata-se de um processo eurocentrista que se irradia a partir dos portos atlânticos e mediterrâneos, através de rotas de comércio internacional, nos quatro polos da terra: o fenômeno se verifica principalmente nas cidades-empórios, situadas na foz dos rios navegáveis ou na extremidade de linhas ferroviárias, como Cancun, Tienstsin, Hangzhou na China, Calcutá e Mumbai na Índia.

Devido a excelentes performances quantitativas, é difundido e se impõe o termo "metrópole", antes relacionado a situações típicas da Antiguidade: cidades–mãe, geradoras de colônias gregas, ou grandes concentrações onde estão presentes diversas comunidades nacionais (Babilônia, Alexandria, Roma, Constantinopla). Impregnado desse segundo significado, hoje o termo define uma mistura de conotações quantitativas (a dimensão "ultra milionária") e de dados qualitativos (a presença de um dinamismo particularmente intenso).

Fig. 1: *Subida à Torre Eiffel, 1892* [ILF].

A América dá sua contribuição, não somente quantitativa, para a criação de um novo modelo de metrópole, especialmente a partir da segunda metade do século XIX. Principalmente Nova York e Chicago difundem, a partir de 1880, uma nova ideia de cidade associada, por um lado, ao desenvolvimento vertical típico do "bairro dos negócios" e, por outro lado, à extensão horizontal das periferias suburbanas.

Essas duas passagens, opostas, mas complementares, constituem os polos de uma dialética urbana inédita que não encontra precedentes. O imaginário coletivo fica extasiado principalmente por Chicago, a metrópole "nascida do nada" que, entre 1850 e 1900, passou de 5.000 a 1.700.000 habitantes. Sua expansão assumirá ritmos particularmente relevantes depois do desastre de 1871; a feira colombiana de 1893 promoverá, em todo o mundo, o ícone do *boom-city,* associado a um crescimento extraordinário pela intensidade e incremento vertical.

É surpreendente também o desenvolvimento de Nova York, a qual, às vésperas do século XIX, ultrapassava pouco mais de cinquenta mil indivíduos: em 1900 chega a ter três milhões e meio de habitantes, tornando-se, com Londres e Paris, o trio de ponta. Em 1914, com mais de sete milhões de habitantes, a "grande Nova York" chega inclusive a suplantar o primado da capital britânica.

Nos antípodas do globo é assinalada a ascensão imprevista de Sidney e de Melbourne: uma é fundada em 1788, a outra em 1835, porém, ambas, no início do século XX, possuem por volta de seiscentos mil indivíduos.

Indústria e Crescimento Urbano

Nesse quadro de próspera expansão, a Grã-Bretanha se oferece aos nossos olhos como caso precursor: entre 1750 e 1800 se revelam tendências que depois, na primeira e na segunda metade do século, se manifestarão em vários outros lugares, mesmo onde o ciclo de industrialização não havia sido iniciado. Na curva de um século e meio, a população nas ilhas britânicas aumentou segundo ritmos exponenciais, passando de pouco mais de sete milhões em 1750 a 46 milhões em 1920; apesar do êxodo de emigrados para a América e para as colônias do Império, o número de habitantes se multiplicou sete vezes em relação aos dados iniciais. Dessa maneira, a Grã-Bretanha alcança o grupo dos países de ponta entre os quais estão a França e a Alemanha, países marcados por ritmos de crescimento menos evidentes. A população francesa é de cerca 24 milhões em meados do século XVIII e alcança a quota dos quarenta milhões somente logo após a Primeira Guerra Mundial; partindo de uma base análoga, a Alemanha se aproximará aos setenta milhões no mesmo período.

Em todos os lugares, os grandes números dos estupefacientes incrementos de população, se distribuem de maneira desigual, favorecendo o crescimento de centros urbanos em detrimento do campo. O desenvolvimento dos transportes e a expansão nos intercâmbios canalizam produtos, recursos e população aos centros produtivos e em alguns nós do sistema de comunicação: na Inglaterra, de maneira diversa da França, são desenhadas hierarquias urbanas totalmente novas, as quais, somente em parte e somente em algumas áreas de implantação mais antiga, coincidem com núcleos preexistentes. Nos mapas novos são evidentes os centros industriais e, ao lado deles, as cidades portuárias com cidades cuja vocação comercial é mais emergente: além da própria capital, existem também cidades com funções de capital administrativa.

Em 1850, além de Londres, cinco centros britânicos superam os duzentos mil habitantes; trata-se exclusivamente de centros que há pouco tempo começaram a fazer parte do grupo das grandes cidades e, em ordem crescente, encontramos Birmingham, Glasgow, Liverpool e Manchester, que chega a ter quatrocentos mil indivíduos. Nenhum desses polos industriais e/ou portuários superava, cem anos antes, a marca dos trinta mil indivíduos; e somente Londres, com seus 860 mil habitantes superava copiosamente a quota de cem mil. A capital, em meados do século, atinge a cifra de 1.400.000 habitantes, dos quais somente cinquenta por cento nasceu na cidade (em 1901 atingirá a cifra de 4.200.000).

Voltemos agora ao dado geral das ilhas britânicas, detendo-nos no primeiro período de crescimento, compreendido entre o fim do século XVIII e 1850, quando a população passa de dez a vinte milhões. Nessa mesma curva do tempo considerada, a quota relativa aos centros urbanos passa de trinta a cinquenta por cento do total. Tudo isso significa, concluindo, que em um período pouco maior de cinquenta anos, mais de sete milhões de indivíduos aumentaram o número dos habitantes das cidades: é como se uma "segunda Grã-Bretanha", inteiramente urbana, fosse acrescentada à população original do censo realizado em 1750.

Esse macroscópico processo de desenvolvimento foi percebido de maneira negativa. O fenômeno de periurbanização e de concentração em poucos centros foi lido através dos olhos de quem achou perverso o processo de industrialização. Pensemos em Charles Dickens de *Tempos Difíceis* (1853), e, principalmente, pensemos em Friedrich Engels em *As Condições da Classe Operária na Inglaterra* (1845): Manchester, Sheffield ou Birmingham são descritas como reagrupamentos dantescos nos quais, sem querer, o camponês foi absorvido. Aglomeração humana, promiscuidade, falta de condições higiênicas aceitáveis, degradação material e moral são algumas das características desse inferno recente.

No entanto, se a população do Reino Unido mais que duplicou em cerca de cem anos, isso se deve também a um sensível aumento das condições de vida: melhor alimentação, melhores condições sanitárias, melhores níveis de instrução.

No fim do século, a idealização do campo serve de contrapeso à perversidade da cidade, apesar das condições materiais difíceis que o camponês, absorvido pela cidade, frequentemente deixou para trás, no povoado de origem; então, o mundo rural aparece a muitos com os contornos de um "paraíso perdido", cujas lembranças da pelagra, da penúria alimentar, da servidão feudal, foram se perdendo em breve tempo.

O extraordinário processo de crescimento e de concentração urbana normalmente é atribuído à "revolução industrial": em qualquer tipo e grau de escola, hoje em dia é capilarmente difundido uma versão popular da qual derivam totalmente as lógicas e contradições da cidade contemporânea, inclusive sua extraordinária expansão quantitativa. Nesses casos, falar da "cidade do século xix" significa falar da "cidade na época da revolução industrial". Apesar de não serem propriamente sinônimos, os dois termos aparecem equivalentes e estreitamente correlatos. Na realidade não é bem assim: se tentarmos comprovar uma ideia tão sugestiva quanto genérica, percebemos que o dado deve ser verificado em *loco*. Para distinguir um lugar de outro, somente a geografia nos permite, de fato, tornar menos totalizante uma equação muito rígida entre desenvolvimento industrial e crescimento urbano: ainda mais que a história, ela nos aponta que a indústria é um dos fatores de desenvolvimento, mas não o único.

A sua influência varia de lugar a lugar, combinando-se com um entrelaçamento de causas simultâneas, elas também variáveis de contexto a contexto: como já foi demonstrado, principalmente pela historiografia francesa, em tempos recentes, tanto o desenvolvimento industrial como o crescimento demográfico se "apoiam" a uma rede de centros preexistentes (praças de mercado, cruzamentos viários, portos e centros administrativos), ulteriormente reforçados, após 1850, por um sistema integrado de conexões ferroviárias. Em alguns casos, o crescimento demográfico e o desenvolvimento industrial são, portanto, as duas faces de um mesmo ciclo expansivo que convergem em um centro urbano em vias de consolidação ou com potencialização ulterior.

Na origem de tudo existe, portanto, uma série de elementos racionais – como já foi dito – situados irregularmente no território: existem pontos de particular acúmulo que dispõem de capacidades, conhecimentos e inteligências em condições de atrair recursos financeiros, investimentos na origem do ciclo industrial. As mesmas razões atraem fluxos de população da área circunstante, ambas oferecendo reserva de mão-de-obra e potencial mercado. Inicia-se, dessa maneira, um autêntico círculo virtuoso que, por sua vez, está na origem de um ciclo expansivo.

Referindo-se às cidades francesas da segunda metade do século xix, Marcel Roncayolo demonstrou que em todos as antigas capitais do *Ancien Régime*, a população cresce sensivelmente após ter sido inserida em uma rede de interligações ferroviárias (e as linhas tendem, obviamente em privilegiar os centros já consolidados). Esse dado não é apontado somente em casos excepcionais: Aix-en-Provence "esmagada" pela expansão da adjacente Marselha, Arras penalizada pela formação de uma aglomeração industrial – mineraria na mesma região do Norte.

21

Tempos e modos do ciclo expansivo variam naturalmente de lugar a lugar: a Itália constitui um exemplo extremo, marcado por um desenvolvimento que se utiliza inteiramente das malhas de cidades preexistentes. Serão modificados pesos e hierarquias, mas não a nomenclatura dos centros mais desenvolvidos: com exceção de centros de tecelagem aos pés das montanhas (como Biella e Schio), o deslanche econômico atingirá principalmente os nós fundamentais da geografia nacional, como Turim, Milão e Gênova.

Na primeira parte do século XIX a Itália possui somente um grande centro, Nápoles, cujo fluxo demográfico aparece rapidamente em regressão relativa não somente em relação às metrópoles europeias, mas também em relação às outras cidades italianas. Na península, mais do que em outros lugares, encontramos, porém, certo grupo de cidades médio-grandes, situadas na faixa contígua às primeiras. Por volta de 1850, de fato, dez centros se colocam entre os 130 e os 180 mil habitantes: trata-se de Turim, Gênova, Milão, Veneza, Bolonha, Florença, Roma, Palermo, Messina e Catania.

Em relação à "Itália das cem cidades", a Inglaterra da primeira industrialização se posiciona na extremidade oposta. Aqui, como já vimos, o desenvolvimento manufatureiro desordena a geografia das cidades: excluindo Londres e um grupo de cidades portuárias, todos os maiores centros urbanos nascem praticamente do nada e seu rápido crescimento é fortemente industrial. A disponibilidade de recursos minerais e energéticos, a proximidade às fontes de armazenamento, tem permitido Sheffield, Manchester ou Leeds modificar radicalmente suas próprias condições iniciais de pequeno centro rural.

Entre os dois casos paradigmáticos da Inglaterra e da Itália, posiciona-se a situação de outros países igualmente atingidos por processos de concentração urbana: a França, os Estados alemães e danubianos, a península ibérica. Mesmo nesses contextos, talvez não com a mesma intensidade de nossa península, a expansão demográfica (e/ou industrial) se baseia em uma rede de centros preexistentes: das capitais do *Ancien Regime* às pequenas ex-capitais de principados, às sedes de mercado de escala regional, aos portos mais importantes, aos maiores nós fluviais e viários.

Pouco depois da constituição do Reich (1871), a Alemanha entra com prepotência na fase de desenvolvimento demográfico, que se concentra em algumas grandes cidades e em algumas bacias industriais: os habitantes da Ruhr são menos de um milhão no momento da unificação, para chegar a atingir quase quatro milhões às vésperas da grande guerra.

Nesse vivido contexto, Dusseldorf e Essen ultrapassam a marca dos trezentos mil habitantes, partindo de dados pouco relevantes. Contemporaneamente, porém, a população se quadruplica também em uma cidade histórica como Colônia (de 129 a 640 mil indivíduos), que pertence àquela classe de cidades médio-grandes colocadas, no momento da unificação, entre os cem e cem mil habitantes: entre as outras, Dresda, Munique, Lipsi, Frankfurt, que, por volta de 1914, permanecem estavelmente acima da quota dos quatrocentos mil.

Se a diversificação do desenvolvimento urbano é o dado prevalente na Europa continental, devemos, porém reconhecer que mesmo aqui se configuram algumas "pequenas Inglaterras" ligadas aos recursos e à paisagem de uma bacia carbonífera: elas nascem do nada não somente em Ruhr, mas também na Slesia, no norte da França, em Lorena, nas Astúrias e no Mássico central e se consolidam como núcleos industriais, novas cidades dependentes não somente do aproveitamento das mineiras mas também de uma série de oportunidades materiais (proximidade dos mercados e das grandes vias de comunicação). Em poucas décadas de distância, alguns centros de tecelagem e siderúrgicos como Saint-Étienne, Roubaix e Tourcoing na França, Essen, Duisburg ou Katowitz na Alemanha, Ostrava na Áustria-Hungria, passam pelas mesmas circunstâncias de Birmingham ou de Manchester.

Novas Tipologias Urbanas

Novas tipologias urbanas começam a fazer parte da geografia do desenvolvimento: por exemplo, as "cidades empresariais" (*one-company town*, em inglês), centros autossuficientes, com nada em volta, fundados pela presença dominante de um estabelecimento industrial. Aqui se registram todas as condições necessárias ao desenvolvimento, mesmo se a localização é periférica. Le Creusot é a cidade-fábrica, totalmente nova, criada pelo industrial Eugène Schneider no centro da França: os 24 mil habitantes, contados no censo de 1874, gravitam em volta das grandes instalações siderúrgicas, que constituem o fulcro da inteira organização urbana. Como outras cidades empresariais, Le Creusot representa o extremismo de algumas características típicas de um centro industrial.

Demonstrando que a indústria e o crescimento urbano estão longe de serem termos coincidentes, aparecem novas tipologias urbanas que, apesar da distância em relação às bacias carboníferas e manufatureiras, registram incrementos análogos, se não até superiores. Esse é o caso de cidades portuárias como Liverpool, Le Havre, Roterdã, Hamburgo, Barcelona, Marselha, Gênova, Trieste, Odessa: em tempos diferentes, cresceram segundo ritmos vigorosos, dependendo somente em parte do desenvolvimento manufatureiro. Num período de sessenta anos, entre 1856 e 1914, algumas cidades portuárias triplicaram a própria densidade: Trieste passa de 92 a 256 mil habitantes, Marselha de 186 a 550 mil indivíduos, Hamburgo de 193 a mais de um milhão.

Na base dos incrementos que frequentemente superam aqueles dos centros industriais, existe um novo quadro das trocas que se consolida após 1850. A abertura de rotas transoceânicas, que agora incluem o Mediterrâneo e o Mar Negro, o expansionismo colonial, as diretrizes da emigração transcontinental e de base, o clamoroso crescimento dos fluxos comerciais: todos esses fatores contribuem para a concentração da população e recursos nas proximidades de alguns portos estratégicos.

Fig. 2: *Santander (Espanha): estações balneárias na praia de Sardinero, aproximadamente 1900.*

Ao aprovar a "recuperação do Mediterrâneo" no decorrer do século XIX, surgem não somente alguns *boom-city*, mas também uma série de centros que nasceram praticamente do nada, como Pola, Odessa e La Spezia. Mesmo nessas cidades, que nasceram com finalidade essencialmente militar, o incremento se concentra na segunda parte do século. Após decidir instalar a principal base da marinha austro-húngara (1850), Pola vê crescer sua população de mil para cinquenta mil indivíduos no espaço de dez anos. Mais vistoso ainda é o incremento de Odessa que ao longo de cem anos da sua fundação – no início do século XIX – possui já seiscentos mil habitantes: o crescimento ocorre principalmente a partir de 1866, quando o porto é interligado à construção da rede ferroviária, são desenvolvidas as exportações de grão ucraniano e intensificado o fluxo emigratório para a América.

Entre as novas tipologias urbanas, existem também as cidades termais como Biarritz, Vichy, Aix-le Bains, somente para citar algumas entre as mais renomadas de toda a França. Se observada em uma carta geográfica, a localização das *villes d'eau* estabelece um dado de contratendências que faz com que áreas remotas participem: Alpes, Pirineus, Maciço Central, litoral mediterrâneo, de qualquer forma, são realidades distantes em relação às principais vias de comunicação.

Entre todas as cidades consagradas ao lazer, evidencia-se o porto de Nice, no distrito dos Alpes marítimos, considerado durante longo tempo um dos lugares mais remotos da província francesa; sua distância de Paris aparece efetivamente enorme, mesmo após a implantação de uma interligação ferroviária. Sem a presença de turistas, sua população passa de 27 mil habitantes em 1851 aos 43 mil de 1911. Nesse período de tempo, de sonolenta capital do reino da Sardenha, Nice se transformou na cidade dos grandes hotéis e das grandes ocasiões mundanas, entremeada pelas estadias de princesas e pela presença da realeza: disputa com Cannes e Monte Carlo, também cidades da Côte d'Azur, o papel de rainha do turismo balneário.

No entanto, é o caso de reformular uma consideração que remete ao problema inicial cronológico: a Inglaterra do século XVIII tinha antecipado situações como aquelas que agora encontramos nas inúmeras cidades termais espalhadas pelo continente. Em Bath ou em Turnebridge Wells, para citar os dois casos mais importantes, um observador atento teria podido delinear a fisionomia de um centro termal, tal qual cem anos mais tarde será reproduzido em Karlsbad ou em Salsomaggiore.

A intensidade e a capilaridade com o qual o modelo será difundido no decorrer do século XIX tornam o fenômeno qualitativamente (e não somente quantitativamente) diferente: não é por acaso que a literatura, a dramaturgia e a arquitetura criarão uma associação direta entre a ideia de *ville d'eau* e uma série de imagens ligadas à noção de luxo.

Nice pertence à categoria de cidade beira-mar, mesmo não pertencendo àquelas interligadas às rotas comerciais. Com essas últimas, porém, ela tem em comum uma tendência de expansão que se afirma prevalentemente na segunda metade do século XIX quando, graças ao trem, começam a fazer parte, de maneira constante, de uma rede de relações à longa distância. A estrada de ferro teve, de fato, um papel muito importante, mesmo se a *posteriori*: aqui como em outros lugares, o sucesso tem como base a interligação ferroviária a qual, por sua vez, contribuirá na sua expansão quantitativa. Nesse caso, antes se cria a demanda, que será satisfeita somente após a implantação do sistema de transporte; esse último, portanto, não é o fator primário de crescimento.

Tanto as cidades portuárias como as *ville d'eau* se consolidam, no decorrer do século XIX, segundo uma precisa fisionomia, ao ponto de tornarem-se eficazes testemunhas do próprio tempo. Todos os novos centros de água do Mediterrâneo compartilham, mais tarde, de uma característica dualística comum: a nova cidade comercial e residencial, normalmente realizada em uma região plana, não tem nada em comum com o velho núcleo marítimo, com seu aspecto labiríntico e mediterrâneo, que deu o nome à implantação.

A Era do Desenvolvimento

Fora da Grã-Bretanha, os procedimentos mais clamorosos têm se manifestado principalmente nos sessenta anos que precedem 1914: o crescimento exponencial de alguns centros preexistentes, o nascimento de algumas cidades de corte metropolitanas. Principalmente após 1850, novos fluxos e excedentes demográficos tenderão a solidificar-se nas proximidades de alguns nós ferroviários, industriais e portuários, e, não somente em poucos casos, corresponderão às tradicionais capitais administrativas.

Essa seria uma das características marcantes do século XIX, se o fenômeno não continuasse com ritmos ainda mais intensos no século seguinte. O período que vai de 1850 a 1914 corresponde, portanto, ao segmento fundamental de um processo de período mais longo: ele baliza a primeira impetuosa fase de expansão, enquanto o cinquentenário precedente representa o ponto de partida para as metrópoles em formação.

O que caracteriza então a história da cidade ocidental de maneira exclusiva? Quais fatores de continuidade conectam um longo período, entre o fim do século XVIII e início do século xx? Marcando o fim dessa fase existe com certeza a progressiva perda daquele caráter eurocentrista que a marcou por todo o século xix: às vésperas da Primeira Guerra Mundial, a população do velho continente tinha um peso correspondente a mais de um quarto do total planetário, agora a relação é de um para oito.

Em 1914, entre as oito metrópoles mundiais figuravam seis cidades europeias: entre elas, todas as capitais dos maiores Estados (em ordem, Londres, Paris, Berlim, Petersburgo e Viena). Hoje, entre as vinte e uma "megalópoles" que superam os dez milhões de habitantes, somente três pertencem à Europa: devemos descer ao décimo terceiro lugar para encontrar a primeira, Moscou, que recentemente substituiu a tradicional supremacia de Londres.

Além das cifras e da perda da hegemonia europeia, encontramos entre os não poucos elementos de continuidade, também fatores culturais ligados igualmente às dinâmicas de transformação. À tendência objetiva de desenvolvimento, acrescenta-se uma cultura do desenvolvimento a qual pretende adequar a estrutura da cidade às lógicas próprias do crescimento econômico.

Fundamentalmente se delineia um modo inédito de olhar a cidade: não é mais uma entidade paralisada, mas um organismo em movimento, cada vez comparável a outros sujeitos e *in primis* ao corpo humano. A cidade agora aparece como sendo uma figura que pode ser mediada, ampliada e principalmente modificada. Se parecer cheia de gente, ela poderá ser ampliada quanto quiser; se parecer doente, poderá se submeter a terapias radicais. A própria cidade se torna, em outras palavras, um objeto do furor demiúrgico que anima o *homo faber* do século xix: o mesmo que torna viável o espaço circunstante, que torna cultivável e canaliza terras inexploradas como os titãs da *L'île mistérieuse* (Ilha Misteriosa), descrita por Julio Verne no seu extraordinário romance-metáfora de 1875.

Mesmo sob esse ponto de vista, a história da cidade do século xix faz parte de um todo: por um lado finaliza conceitos já expressos pelo Iluminismo do século XVIII, por outro lado representa a fase inicial de acontecimentos que serão levados adiante no século sucessivo. Porém, tudo isso pertence à história da *civilisation*, da qual a cidade constitui uma extraordinária vitrine.

O processo de adaptação às novas necessidades obviamente nada tem de natural, mas se conecta com essas ambições demiúrgicas. Por mais que sejam diferentes de um lugar a outro, essa propensão se manifesta em múltiplas formas: realização de obras e dispositivos que sirvam para acelerar os fluxos e abreviar os percursos, predisposição de novos organismos funcionais, especializações nos bairros de acordo com atividades consolidadas ou novas finalidades. Portanto, mais do que *processo*, teremos que falar em *programa* de adaptação.

O primeiro elemento – na primeira fase de um programa de adaptação – foi o impacto da ferrovia, principalmente na segunda metade do século. Esse extraordinário objeto aparece, por volta de 1830, como curioso meio de locomoção e se torna, na Inglaterra dos anos de 1840, parte de um sistema de comunicação. Na Europa continental, somente após 1850 se configura uma própria e verdadeira rede: é nesse momento que o trem se coloca com prepotência no horizonte de todos os centros de certas dimensões, pondo questões totalmente novas. Devido ao seu intenso valor, em um sentido tanto simbólico quanto material, a chegada do trem na cidade requer que uma série de problemas seja rapidamente solucionada: entre eles, a localização de equipamentos ligados à cidade (sistema de binários, depósitos e, principalmente, a edificação para viajantes), a rápida interligação entre essa e o centro urbano, a criação de um bairro da estação que legalize o papel de motor do dinamismo urbano.

Obviamente tudo isso será manifestado com exemplar clareza nas cidades que cresceram do nada: nos centros manufatureiros da Inglaterra, da Bélgica e da França setentrional, nas cidades carboníferas de Ruhr ou da Slesia, nos centros portuários como Liverpool ou Trieste, nas cidades de cura e turismo como Baden-Baden ou Nice.

Porém, o tema do desenvolvimento e da adaptação é perceptível mesmo em cidades sem o apoio ocasionado pelo incremento da população e muito menos pela expansão industrial. Paradoxalmente, ele aparece mesmo quando não existe um crescimento edilício: nessas circunstâncias, inicia-se um processo de transformação, de redesenho e de readaptação das partes estrategicamente relevantes da cidade, como os contornos, o coração, as diretrizes principais.

É esse o tipo de situação que se verifica em muitos centros, não somente nas áreas indiretamente atingidas pelo desenvolvimento (como as penínsulas italiana e ibérica) mas também em áreas onde o crescimento se sobrepõe a uma consolidada rede de centros urbanos: e é o que acontece na França centro-meridional, na Europa central danubiana e renana, no Báltico e na Holanda.

Mesmo nesses contextos, o programa de transformação remodela a estrutura geral da cidade, tornando obsolescentes alguns elementos que no passado tiveram um papel fundamental: as muralhas e em geral o aparato de defesa; as grandes propriedades religiosas e, em particular, o sistema de conventos.

Esses edifícios-símbolos do antigo equilíbrio se apresentam como *subespécie* de vínculos materiais, a serem removidos para alcançar objetivos de *desenvolvimento* e de *adaptação*: nos inúmeros complexos monásticos expropriados ou obsoletos, não será tanto uma questão de demoli-los, mas sim de modificar radicalmente o tipo de uso. De fato, serão ocupados por novas formas de serviços laicos, principalmente no setor da instrução e da assistência sanitária. Arquivos e depósitos, quartéis e sedes de departamentos militares, penitenciárias e asilos complementarão a longa lista de atribuições não religiosas que ocuparão os velhos monastérios e que irão substituir a função original.

Exauridas ou, de qualquer forma, transformadas, as antigas referências da cidade que desaparecem, tornam-se, paradoxalmente, as bases da nova cidade que surge no horizonte; ao lado das edificações, demolidas ou transformadas, existe uma série de vínculos imateriais, como os privilégios feudais e eclesiásticos, prerrogativas militares, isenção fiscal de que se valia a aristocracia e a Igreja, cujo desmantelamento aparece do mesmo modo necessário.

A mudança, que se desenvolve por mais de um século, da Era Napoleônica à Primeira Guerra Mundial, parece caracterizada por esse objetivo: eliminar os obstáculos, visíveis e invisíveis, herdados pela cidade do Antigo Regime. Tanto na presença de altos níveis de expansão como na ausência desses, a cidade do século XIX parece marcada por essa longa e adversa guerra contra os vínculos do passado: em toda a Europa continental, com a única exclusão da Rússia czarista e dos Balcãs otomanos, o ano de 1848 constitui uma passagem decisiva nesse cenário de progressiva emancipação das relações materiais e imateriais.

Além dos Limites Tradicionais

Nas páginas precedentes, as observações sobre as cidades "do século do crescimento" se referem principalmente à parte ocidental da Europa, a mais afetada pelo processo de aceleração de trocas: o desenvolvimento da indústria e da rede ferroviária representou uma expressão tangível.

A extensa onda de progresso vem do oeste para o leste, como vimos na comparação entre Grã-Bretanha e Alemanha: entre a precocidade de uma e atraso da outra existem quase cem anos de diferença. Porém, olhando bem, o desenvolvimento alemão comprometeu principalmente as províncias ocidentais; com exceção de algumas bacias carboníferas na Slesia e na Moravia, o fenômeno parece delimitado pela linha Elba – Selva Boêmia – Danúbio. Para além, se estendem áreas geográficas onde trocas estagnadas e uma fraca dinâmica econômica não impedem, após 1870, claros sinais de renovação urbana.

A tendência ao progresso atinge também as cidades do império asbúrgico da Prússia, da Escandinávia, dos países bálticos e cárpatos. Depois, a onda alcança as Balcãs, os domínios turcos e a grande Rússia: em todos esses casos, a extinção de limites, a partir de meados do século, tem consequências fundamentais na organização urbana.

Entretanto, temos que fazer uma premissa que está relacionada com toda essa área de fronteiras incertas, compreendida entre o Mediterrâneo e o Báltico. Alguém a definiu como área de divisão entre uma civilização profundamente urbanizada e o mundo dos principados, dos *vojvodados*: de um lado, a civilização latino-germânica, marcada desde a era medieval pela cultura das cidades; do outro, um mundo rural e prevalentemente eslavo, ainda ligado a formas semifeudais.

No meio, se estende uma grande "terra de ninguém", onde se misturam traços salientes das duas situações (podemos incluir a Polônia, a Boêmia, a grande Hungria e os países sub-balcânicos). Encontramos cidades dominadas pela língua germânica (alemão e hebraico) e um *backland* totalmente estranho a ele, tanto no plano étnico como no econômico: isso acontece nas margens do báltico, em Tallinn, em Memel, em Riga e, mais para o norte, nas cidades suecas como Turku/Åbo, em contraposição a uma área rural totalmente finlandesa.

Na Budapeste *fin de siècle*, a comunidade alemã e a hebraica ainda têm um peso determinante, apesar da maciça campanha de se tornarem magiares. A cultura urbana nem sempre é uma prerrogativa da componente germânica: mais para o leste encontramos cidades polacas e hebraicas, como Leopoldi, circundadas pelos trabalhadores rurais ucranianos, centros transilvânicos como Cluj/Koloszvár, analogamente divididos entre húngaros e romenos.

O caso de Praga é ainda mais esclarecedor: a componente alemã, prevalente no Antigo Regime, se equipara com a eslava por volta de 1830 para se tornar minoria às vésperas da grande guerra. A redução é relativa: enquanto a população total da cidade tchecoslovaca passa de 120 a 610 mil habitantes, a consistência do grupo de língua germânica mantém valores oscilantes entre os cinquenta e sessenta mil indivíduos. Isso significa que o crescimento urbano é alimentado por um

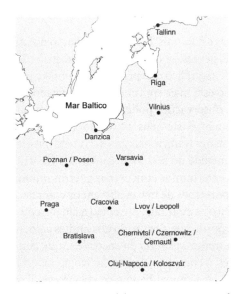

Fig. 3: *Centros na margem oriental da área europeia, marcada pela "civilização das cidades".*

fluxo migratório totalmente tcheco: nesse contexto, a componente alemã torna-se testemunha de um antigo equilíbrio que, principalmente após 1848, tende a se dissolver.

O processo de abertura permite, portanto, mesclar grupos até então divididos entre a cidade e o campo, entre atividades e ocupações claramente diferentes. No fim do século XIX, o antigo equilíbrio, no qual os grupos alemães e judaico-alemães estavam inevitavelmente associados, resultará enfraquecido.

Se em Praga o afluxo da população rural eslava rompe antigos equilíbrios, em Temesvár/Timisoara os novos chegados se estabelecem fora da cidade, dando vida a "burgos étnicos"; em outros lugares, como em Bratislava, a imigração incentiva o nascimento de bairros e equipamentos coletivos separados dentro da cidade.

O mesmo processo ocorre no mundo veneto-italiano da costa oriental do Adriático ou nas comunidades alemãs das cidades bálticas: antes do século XIX, a cidade se identificava com esses grupos, que a ela fornecia conotações econômicas e culturais. Essa estreita relação no início se enfraquece e, depois, se dissolve devido ao abalo de um crescimento demográfico que provém do campo e que o centro urbano não está mais em condições de metabolizar.

Essas observações podem nos fazer analisar um universo que não existe mais. O século xix começa a alterar as demarcações tradicionais antes das terríveis tragédias da primeira metade do século xx, antes dos furores nacionalistas, dos extermínios étnicos, das guerras mundiais, antes que as deportações de massa alterem os complicados equilíbrios étnicos e culturais. Até então a cidade constituía um mundo próprio, que a extinção dos limites colocou dramaticamente frente à própria diversidade. Aqui, como em outros lugares, o enfraquecimento das fronteiras entre cidades e zona rural é acompanhado pelo colapso geral dos vínculos feudais e militares que limitavam a mobilidade de pessoas e das mercadorias. Antes em Paris e depois em Praga, tomam parte velhas repartições, instituições e, com elas, edifícios símbolos da antiga organização: as muralhas.

A partir da segunda metade do século, o processo de abertura abrange a totalidade dos centros urbanos. Porém, na parte centro-oriental da Europa tudo isso terá efeitos que caracterizarão a época no que concerne à ocupação física e imaterial da cidade: efeitos que podemos considerar comparáveis àqueles determinados, em outros lugares, pelo crescimento demográfico e econômico.

Certamente, pode-se dizer a mesma coisa sobre a "área das fronteiras incertas" que divide civilizações urbanas e resquícios feudais. Ao longo do Danúbio e nos Balcãs, a linha de divisão torna-se cada vez mais sutil e definida: aqui, na área de própria competência, os austríacos deram o nome de Grenzenland, indicando, com isso, uma terra dominada pelos militares e marcada por conflitos em potencial.

Ao longo desse limite se desenrola uma sequência de cidades que vão do Adriático ao Mar Negro e além. Elas são diferentes em sua história, tradição, característica e forma, porém, esses centros têm em comum um passado

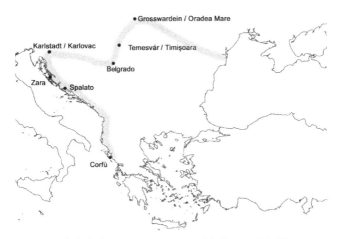

Fig. 4: *A cidade dos* limes *orientais, entre o Adriático e o Mar Negro.*

recente de torreões de defesa: com Corfu, Espálato, Karlstad/ Karlovac, Belgrado, Temesvár/Timisoara, Grosswardein/ Oradea Mar, Kazan, Kharkov, nessa lista encontramos Viena também.

Nessa faixa, o processo de abertura terá consequências particularmente fortes: uma vez eliminadas as demarcações tradicionais, a identidade do centro urbano será redefinida em relação a um entorno que esteve excluído por muito tempo.

Mais para o norte, no coração da Europa central, após 1848, as declarações de "cidade livre", se difundem como uma mancha de óleo; exoneradas das antigas servidões, as cidades usufruem uma situação jurídica similar à dos povoados de tradição liberal mais antiga. Variável de povoado a povoado, a supressão das antigas linhas de demarcação é perceptível em todo lugar como extinção da cidade do Antigo Regime, mesmo se sua queda tenha se iniciado bem antes de 1880 e, em muitas circunstâncias, tenha sido concluída após 1914.

Enfim, a noção de cidade não será mais associada a um complexo de elementos estáticos herdados do passado: não é mais um cenário fixo no qual somente os militares e os detentores de um poder absoluto podem intervir para remodelar as relações de representação, os perímetros de defesa etc. O século XIX representa o segmento principal desse longo percurso, um século cuja obra de desmantelamento assume um caráter sistemático: em uma época dominada pelas noções de progresso técnico e de crescimento ilimitado, a ela pertence a conscientização do fenômeno, sua ideologização e sua espetacularização.

Portanto, o século XIX corresponde à fase de transição entre um regime antigo, marcado por delimitações férreas, e a plena atuação do princípio segundo o qual os homens e produtos podem circular livremente.

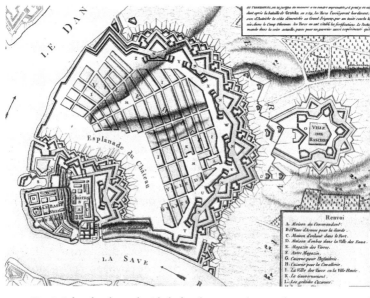

Fig. 5: *Belgrado: planta da cidade-fortaleza antes das transformações do século XIX, 1788* [*Milão, Civica Raccolta delle Stampe Achille Bertarelli*]. *O fim do domínio turco na fortaleza (1867) marca o início de um programa urbanístico de grande amplitude que está relacionado principalmente com a parte externa às muralhas: aqui serão colocadas as principais funções da nova capital (as duas estações ferroviárias, a sede do parlamento, o teatro nacional). Entretanto, Belgrado incrementará seis vezes mais a sua população, passando de 18 mil habitantes em 1860 para 115 mil em 1915.*

1. FORMA E LIMITES DA CIDADE

A Demolição das Muralhas

Associada à queda do *limite* urbano, a demolição das muralhas marca de modo espetacular a passagem entre Idade Moderna e Contemporânea, condicionando a legislação, a simbologia e a toponomástica. Os bastiões de defesa representavam, de fato, a vistosa materialização da ideia de fronteira, correspondente, por sua vez, às linhas de demarcação fiscal, política, militar e administrativa.

Às vésperas da Idade Contemporânea, essa grande construção aparece em toda sua desmesurada inutilidade; percebemos que sua função de barreira de defesa não tem mais motivo de existir. Mais que a uma fulguração repentina, essa conscientização corresponde a uma lenta tomada de posição.

No século XVII, com os dramáticos assédios terrestres e navais, foram celebradas as últimas grandezas militares;

Fig. 6: *Munique, diversas reutilizações da muralha defensora, por volta de 1830:*

a) chaussée e passeio público nas proximidades da Karlstor;

b) vegetação e horta nas proximidades da Isartor;

c) *penitenciário nas torres da Sendlingertor* [*Milão, Civica Raccolta delle Stampe Achille Bertarelli*].

nesses mesmos anos de assédio turco em Viena (1683), em Paris, entre a Porte Saint-Denis e a Bastille, era realizado o primeiro trecho de um *boulevard* arborizado, no traçado de uma série de *baluartes* demolidos (note-se a assonância entre os dois termos).

Abolida a função de defensora, as muralhas servirão para confirmar um sistema de controles fiscais e policiais mesmo se, nesse meio tempo, o papel de divisor de águas entre sistemas políticos diferentes se atenuou muito.

Após o ano de 1815, o problema de redimensionar os bastiões é posto de maneira mais decisivo, mesmo onde não existem necessidades particulares de crescimento, após séculos de estagnação ou mesmo de contração demográfica (ou onde, como, por exemplo, em Florença, o anel definia um objetivo não alcançado).

Na Itália, em Turim, Milão e Parma, atua-se nos velhos bastiões segundo um modelo de intervenção já experimentado em Paris e em Madri: aqui, em 1745, o trecho ocidental das muralhas foi transformado em um passeio arborizado (*o paseo del Prado*).

Portanto, não se continua com as demolições, mas sua função de delimitação física é drasticamente reduzida, graças a uma série de intervenções: abertura de vãos e passagens, criação de barreiras (em Turim e em Parma o termo define ainda hoje o bairro que o circunda).

Nas cidades submetidas à submissão militar, a liberalização introduz uma série de transformações físicas: a área da *spianata* (esplanada) em volta das muralhas torna-se edificável e em alguns casos se transforma em *esplanade*, lugar destinado a passeios. Muda o regime dos solos e, especialmente após 1848, procede-se ao fracionamento, livre ou forçado, das grandes propriedades aristocráticas que circundam a cidade.

Em primeiro lugar, a reconversão com finalidade civil; em segundo lugar, a remoção dos obstáculos, criam as condições para que a faixa *extra moenia*[1] seja edificada quando se torna imprescindível o crescimento. A sucessão de eventos e causas aparece, portanto, invertida em relação à ordem muitas vezes indicada pela historiografia determinista, segundo a qual as muralhas seriam demolidas devido à necessidade de expansão urgente.

Mais que de datas precisas, pode-se falar de fases que possuem referências a contextos específicos. Se falarmos da Itália, podemos individuar uma primeira fase, situada entre 1750 e 1860, na qual os bastiões são transformados em passeios sobrelevados: parcialmente demolidos, esses se tornam "grandes ruas" arborizadas. Ainda hoje, Luca oferece um belo exemplo de muralhas reconvertidas com escopos que não são de defesa.

Nas cidades de *limes*[2] orientais, o complicado mecanismo de defesa se abre, se rompe e, em alguns trechos, se dissolve com o declínio do Império Otomano. Nesse mundo liminar nascem novos Estados nacionais que funcionam como "proteção" (Sérvia, Romênia, Bulgária)

---

1. Locução latina que significa "fora das muralhas da cidade".
2. Em latim, significa "perímetro de fronteira", "limite". Representava o equivalente da Grande Muralha chinesa ou da Linha Maginot, ou seja, uma barreira para se defender dentro dos confins imperiais.

Fig. 7: *Milão: o passeio nos bastiões da Porta Venezia, no cruzamento com a estrada de Loreto, aproximadamente 1850* [ILI].

Fig. 8: *Paris: pedágio daziario ao longo da cinta de Thiers, aproximadamente 1850* [ILF].

e se formam novas províncias: isso tudo requer centros administrativos e, em muitos casos, são as ex-cidades-fortaleza que se tornam capitais de governo. Em Belgrado e em Corfu, a exigência é aquela de transformá-las em capitais do país, substituindo as atribuições típicas de um presídio militar com equipamentos de cidade líder.

Como transformar os equipamentos urbanos que desempenhavam um papel de defesa? Como abrir uma estrutura que até então ficou deliberadamente fechada?

Com a criação do *ring* entre 1860 e 1890, Viena oferece a solução mais espetacular para esse tipo de problema, típico das cidades dos *limes* orientais. Os episódios urbanísticos secundários podem ser interpretados do mesmo modo, como transformação de uma formidável máquina de defesa, consolidada na Idade Moderna e com finalidade antiturca.

Porém, somente as cidades capitais terão recursos e a vontade para preencher o vazio que se criou após a queda da *raison d'être* (razão de ser) militar. Em outros casos, o processo de sutura será parcial, limitado, se não até mesmo inexistente, deixando largas porções não edificadas: serão criados parques, jardins, hortas ou modestas construções de caráter semirrural, como a Temesvár/Timisoara.

Com a sua *Ringstrasse*, Viena representa o exemplo provavelmente mais clamoroso de resposta imediata ao problema de redestinar o espaço desmilitarizado compreendido entre as muralhas e os burgos externos.

Novos Anéis

Em seguida, é possível individuar uma segunda fase, entre 1860 e 1930, na qual se procede com a demolição das muralhas. Em muitas cidades italianas, porém, a obra de demolição se procederá em etapas, limitada pela falta de recursos, da oposição de alguns e, principalmente por não existirem motivos realmente urgentes: em não poucos casos a operação poderá ser considerada concluída não antes dos anos 1930.

Por outro lado, aquele embrião de cidade posicionada além das muralhas, ao longo das linhas de expansão edilícia, começa a ter consistência favorecida pelo desenvolvimento dos transportes e da economia. Uma vez demolidas as velhas muralhas, torna-se prioritário o problema da redefinição do novo aglomerado urbano em todo seu conjunto e, em particular, torna-se necessário estabelecer com precisão o limite entre a cidade e seu entorno: será o caso de delinear algo que, diferentemente dos velhos bastiões, não seja vistoso, podendo, de preferência, até mesmo não ser visível.

Critérios de controle fiscal e de demarcação administrativa, já convalidados pelas muralhas, são reintroduzidos sob a maneira de *cinta daziaria*[3] ou de *confim do centro habitado* (os dois termos serão sinônimos no linguajar urbanístico): novas colunas de Hércules da cidade contemporânea, de seu caráter aberto e descontínuo, essas linhas imperceptíveis marcam o limite de um regime urbano, até onde possa ser aplicado um código de normas e de prescrições tipicamente urbanas.

Nesse quadro novas expressões como *ring*, *circular road*, *boulevard periphérique*, *circonvallazione* começam a fazer parte do léxico urbano para definir o novo anel externo que se forma nos sedimentos das antigas muralhas. Cada uma denuncia sua própria origem no significado que se diferencia levemente, prevalecendo o fator objetivo ou cenográfico.

O termo inglês *circular road* e o termo italiano *circonvallazione* remetem a uma fase do século XVII e XVIII e ao propósito de criar uma nova rua contornando o fosso com suas muralhas ainda intactas. O trânsito *inframoenia*[4] dos carros e das mercadorias mais volumosas será, em consequência, reduzido ao mínimo.

---

3. Limite da cidade que, para ultrapassá-lo, era necessário pagar o *dazio* sobre a mercadoria transportada (*Dizionario Italiano Sabatini Coletti*, 2002). *Dazio*, por sua vez, era, no período da Antiga Roma, o imposto, uma taxa de trânsito para passar por territórios ocupados; daí o termo *datium* (em latim, *dar*), que ainda hoje é utilizado na Itália como o *dazio*, imposto sobre a mercadoria.
4. Em latim, "dentro das muralhas".

O termo *ring* está indissoluvelmente associado ao exemplo vienense e a uma ideia de decoro arquitetônico: em outros casos reelabora a ideia do *passeio* do século XVIII.

O problema de realizar um anel de *circunvalação* não é técnico, mas jurídico-administrativo: resultará possível somente quando serão abolidos interesses e prerrogativas ligadas às propriedades (principalmente religiosas) que contornam os fossos. Será realizável somente depois que o município puder estender a própria autoridade além dos velhos bastiões de defesa; na Europa ocidental isso acontece no período napoleônico, na Europa central, após o ano 1848.

A formação de um *ring-circonvallazione* está relacionada principalmente às cidades radiais: Moscou, Viena, Pest, Colônia, Milão, Florença e Bolonha. Todas assumem perfis diversos, segundo modalidades e tempos diferentes, mas cada uma se modela nos traçados de uma forma circular (ou semicircular) em comum.

Em todos os casos, o anel periférico corresponde à faixa de sutura entre a cidade interna e as áreas em expansão, quase sempre coincidindo com as muralhas, das quais toma a função de limite material.

Às vezes, como em Pest, o *ring* se materializa a partir do momento em que a união com Buda- exige um "fechamento" do novo aglomerado com um sistema viário em comum: o semicírculo que circunda Pest se conclui com duas pontes, diretamente interligadas com a cidade que está na outra margem do Danúbio. Aqui e em outros lugares, o novo traçado circular serve ao duplo escopo de racionalizar o sistema viário e definir o limite urbano de maneira mais admissível.

Em Milão, o *ring* se delineia com a forma de um duplo anel viário, constituído por uma avenida, com um quarteirão de tamanho médio e por um percurso para *tramway*. Em Bolonha e Florença, na área correspondente ao anel das muralhas e ao fosso que o circunda, entre 1865 e 1919 são criados os *viales*; uma sequência de artérias arborizadas com dimensão constante, que une todas as ruas radiais. Na cidade emiliana[5], graças à sua forma concêntrica, o anel se fecha naturalmente; na capital toscana[6], a presença do rio e a topografia do Oltrarno[7] rompem o círculo, impondo ao projetista do plano inventar algo que tome o lugar do trecho truncado: nas mãos do engenheiro Giuseppe Poggi nasce, portanto, o sinuoso traçado do *viale dei colli*.

Nas duas cidades, as antigas portas urbanas são mantidas e isoladas: despojadas de um uso funcional, elas são colocadas no centro da nova praça e se tornam o ponto central da organização edilícia.

Enfim, após a eliminação do velho anel de muralhas, a expressão cidade parece transformada: remete a um conjunto complexo que, às vezes, corresponde a uma entidade única e que muitas vezes resulta composta por partes diferentes.

Paris e Haussmann

O astro de Paris brilha sobre todas as outras *world city* do século XIX e muitos a identificam com a ideia de cidade-capital e de metrópole.

Concorrem diversos fatores para definir a estrutura urbana: os ritmos excepcionais de crescimento econômico, junto com as ambições neoimperialistas de Napoleão III. A isso se acrescenta a extraordinária capacidade técnico-administrativa de um grupo de funcionários, de modo particular do barão Eugène Haussmann, prefeito da Sena de 1853 a 1870.

O papel que lhe foi dado inicialmente foi o de circundar Paris com uma malha de percursos que interligasse os lugares importantes: as estações de frente, os pontos cardeais consagrados pela tradição (o Louvre, o Hôtel de Ville, a Île de la Cité, a Sorbonne), e os novos marcos funcionais da cidade capital (o Opéra, os Halles). Todos os pontos

---

5. Bolonha é capital da região italiana Emilia Romagna.
6. Florença é a capital da região italiana Toscana.
7. Zona de Florença localizada na margem esquerda do rio Arno.

principais e todos os trechos de união foram englobados depois em um esquema de uma escala maior que obedece a uma estratégia de grandes fluxos.

Os quarteirões são somente as partes de interstício porque em primeiro lugar tem o sistema viário, esquema fundamental de referência para todas as grandes obras: demolições, construções de novos blocos edilícios com fachadas em sintonia com as novas diretrizes, realização de redes hídricas, colocação de condutos especiais para o aqueduto e para o esgoto. Os eixos, indicados no esquema, correspondem a um perfil predefinido (*gabarit*, no linguajar técnico-burocrático) que compreende também, além da seção viária e o seu subsolo, o perfil dos *immeubles* a serem realizados nas laterais.

As três fases, nas quais se divide a realização dessa grande malha metropolitana, tomam o nome, não por acaso, de *réseau* (rede), quase querendo enfatizar o caráter e a finalidade, essencialmente ligados aos problemas de natureza circulatória.

Com o primeiro *réseau*, traçado em 1855, foi delineado o grande traçado viário em cruz, centrado no marco Châtelet-Hôtel de Ville. Nessa circunstância, ficou definida a reorganização da Île de la Cité, com a liberalização da Catedral de Notre-Dame, a demolição dos quarteirões residenciais e sua substituição por uma série de edifícios públicos.

O segundo *réseau* (1858) prevê a abertura de novos eixos de interligação, colocados principalmente na parte ocidental da cidade; os esquemas para a complementação dos *grands boulevard* são desse período, como também a criação de novos polos como o Opéra, o quartel e o grande largo do Château-d'Eau (dedicado à República após a queda de Napoleão III).

O terceiro *réseau* é o maior, definido por volta de 1860, no momento em que Paris absorve a faixa compreendida entre os dois traçados das muralhas: a faixa mais interna, chamada de "Fermiers Généraux", edificada entre 1784 e 1791, e aquela mais externa denominada Thiers, realizada em 1845 e, como a outra, para escopos unicamente fiscais.

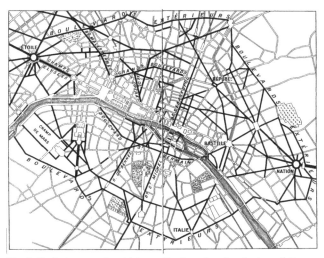

Fig. 9: *Paris: intervenções viárias realizadas sob a direção do prefeito Haussmann, 1853-1870* [HDP]. Nota-se o grande traçado viário em cruz e a complementação dos eixos preexistentes; é também visível, na margem esquerda da Sena, o semicírculo dos grands boulevards e, na outra margem, o boulevard Saint-Germain que fecha esse tipo de anel intermediário. Nos dezessete anos em que Haussmann foi prefeito, foram abertos 165 quilômetros de novas ruas, ou seja, um quinto de toda a rede viária (855km) que Paris, em 1869, dispunha. A largura média das ruas passa de 12 para 24 metros na parte interna, e de 13 para 18 metros na faixa mais externa, compreendida dentro da nova linha de demarcação, demonstrando que as intervenções se concentraram nas áreas centrais.

Fig. 10: *Paris: vista do boulevard Sébastopol, aproximadamente 1895* [PSS].

Ainda em 1860, esse último traçado define o novo confim entre a metrópole alargada e a *banlieue*, além do perímetro do departamento do Sena. Paradoxalmente, aquele sinal "sem história" figurará como sendo o limite histórico de Paris, como o elemento equivalente àquilo que em outros lugares corresponde à antiga demarcação das muralhas.

No fim, o efeito é do tipo ilusório, porque a parte correspondente ao departamento do Sena assume a aparência morfológica de um centro histórico desmesurado. Para isso houve a contribuição do esforço de homogeneização topográfica realizado por Haussmann, com seus três *réseaux* capazes de, na nova conexão urbana, interligar, unificar e amalgamar segmentos e áreas isoladas.

Circundando Paris em uma trama de novos percursos, Napoleão III e seu prefeito incorporam os eixos monumentais, criados na época do despotismo, e repropõem uma estratégia baseada na interligação entre focos monumentais e eixos cenográficos.

Em um plano proposto em 1765, Pierre Patte tinha traçado uma trama de linhas similares ao *réseau* haussmaniano; mesmo nesse caso, praças com obeliscos e estátuas equestres, igrejas e monumentos estavam alinhados com os novos eixos, desenvolvendo um papel não diferente daquele obtido agora pelos novos pontos cruciais funcionais em uma metrópole em vias de transformação radical.

Em seguida, em sua megalomania, Luís Napoleão acaba dando continuidade aos soberanos do Antigo Regime; de fato, acaba sendo ele mesmo quem traça, com linhas coloridas, a organização viária da nova capital imperial que se interliga visual e topograficamente às grandes realizações do século XVII e XVIII.

É natural, portanto, perguntarmos se foi registrado algo de novo na Paris do Segundo Império além de uma ampliada capacidade de realizações e intervenções gigantescas. Ambas não permitem ao monarca ter um controle direto sobre obras promovidas por ele mesmo.

O que muda é principalmente o caráter das obras públicas, as quais, ligadas ao esquema geral, de eventos excepcionais, se transformam em capítulos de uma programação a longo prazo; mesmo se com formas espetaculares, não diferentes daquelas que coroavam o senso de onipotência de Luís XIV, os *grands travaux* se tornam elementos de um cotidiano que utiliza recursos humanos e econômicos de maneira constante.

Esse fato supera o ano de 1870, a queda de Napoleão III e a destituição de Haussmann do encargo de prefeito: a realização de obras edilícias se torna limitada, mas elas não são interrompidas, apesar do cenário político da Terceira República ser diferente.

O Modelo de Haussmanização

Não mais traduções extemporâneas da vontade de autorrepresentação do soberano, os *grands travaux* envolvem uma grande quantidade de problemas: a organização das águas e de outros serviços de rede do subsolo, a reorganização do tráfego viário, a interligação com a rede ferroviária, a predisposição e o desenho de equipamentos coletivos, tais como mercados gerais, escolas, hospitais.

Apesar do nome e da reputação que o acompanharam, os três *réseaux* haussmanianos não são apenas um esquema viário enriquecido de adequada feição arquitetônica. Na realidade, fazem parte de um programa de reorganização geral da cidade, que remodela sua estrutura funcional.

Não são suficientes os "arquitetos do rei" para projetarem um conjunto de obras para uma metrópole de um milhão e meio de habitantes. Elas não são mais extraordinárias e não estão mais limitadas a algumas áreas circunscritas. As obras de transformação começam a se tornar parte de uma gigantesca rotina administrativa da qual faz parte, na mesma medida, um gigantesco aparato técnico-burocrático; para enquadrar o plano de grandes obras, é

49

necessária a participação constante de um grande número de especialistas.

De fato, ocorre o conhecimento de topógrafos em condições de oferecer um levantamento planimétrico e altimétrico correto. São necessários juristas, especialistas em administração no difícil empenho de tentar harmonizar as necessidades locais e interesses nacionais, entre entidades que parecem estar em contraste: público e privado, ministérios e outros setores do Estado central.

Para essa colossal obra de transformação deve participar projetistas e executores ligados a setores diferentes: engenheiros civis e viários, especialistas em hidráulica e no desenho de edifícios públicos, arquitetos de fachadas e paisagistas. Um conjunto de especialistas, empregados de maneira estável na obra de definição e execução das linhas de intervenção, que provêm, em parte, das grandes escolas de engenharia como a École des Ponts et Chaussée, ou mais simplesmente de departamentos da administração pública.

A um núcleo fixo de técnicos-funcionários são acrescentadas numerosas figuras de consultoria, necessárias para enfrentar as inúmeras questões sobre as intervenções, de caráter global; ressalta, entre elas, a questão inédita do especialista no setor financeiro, colocado entre bancos e administração pública, entre economia privada e adiantamentos do Estado.

A máquina estruturada para a ocasião não pode exaurir-se na fase histórica na qual foi concebida ou no arco de tempo correspondente ao programa de obras; em outras palavras, o processo de haussmanização sobrevive a Haussmann estendendo a capacidade técnico-administrativo para bem depois do Segundo Império e pondo as bases de uma estrutura burocrática de tipo permanente: águas e esgotos, ruas e transportes, construções públicas e privadas, parques e jardins, licitações e contratos se tornam os setores fundamentais com os quais, a partir da segunda metade do século, os escritórios técnicos se articulam de maneira estável.

Além de uma rede de vias de comunicação, é criada outra voltada para as relações econômicas com o escopo de sustentar o modelo de haussmanização. Os financiamentos e adiantamentos do Estado não seriam de fato suficientes para garantir os ingentes recursos necessários para a realização dos *réseaux* parisienses; o prefeito do Sena é, portanto, obrigado a elaborar um sistema *ad hoc*, com o objetivo de interceptar o fluxo de dinheiro que provém dos pequenos investidores, além daquele das grandes entidades como os bancos e sociedades imobiliárias.

Desse modo se delineia outro elemento de diversificação em relação ao passado: tornando-se parte de uma paisagem cotidiana, os *grands travaux* não podem depender, como tempos atrás, das concessões do soberano ou, de subsídios esporádicos de impostos. Para financiar um programa de obras em breve e longo prazo, ocorre gerar uma corrente de dinheiro tão contínua quanto o programa de obras.

Com o objetivo de cobrir uma necessidade de grande importância, são emitidos, no mercado, "cartões de investimento através da renda", que garantem um rendimento com juros de três ou quatro por cento; o capital com os quais são remunerados provém, por sua vez, da mais-valia paga pelos proprietários próximos e por todos aqueles beneficiados pela intervenção pública.

O mecanismo de financiamento reproduzia o modelo dos títulos de dívida pública e retomava, em boa parte, esquemas precedentemente elaborados para permitir a construção das estradas de ferro: a esse mecanismo se acrescentava, depois, um segundo elemento, ligado ao mundo das grandes intervenções especulativas.

Nesse caso, assim como em outros setores, a referência é em relação aquilo que certo tempo atrás já ocorria do outro lado da Mancha e, em particular, aos métodos de coparticipação difusos em Londres a partir da Era Georgiana: aludimos ao sistema das *sharing-bonds*, graças ao qual os recursos dos pequenos investidores foram há muito tempo direcionados para a realização de grandes intervenções especulativas.

Naquele caso, o Estado, porém, não participava no ciclo financeiro, que permanecia estavelmente nas mãos da promotoria imobiliária. Em Paris, ao contrário, é o aparato público, através da prefeitura, que se torna o ponto principal de um sistema de investimentos: de fato, ela constitui o intermediário entre a economia e o investimento, revelando-se em condições de direcionar o fluxo financeiro para uma série de grandes intervenções edilícias de iniciativa pública.

Se foi a Inglaterra georgiana quem experimentou as primeiras formas de investimento na construção originado pelo capital privado, é, mais tarde, a França de Luís Napoleão quem define um modelo operativo baseado no emprego sistemático daqueles recursos. Sob esse ponto de vista, a Paris de Haussmann constitui o exemplo mais eficaz de centralização financeira: as realizações dos indivíduos, de fato, fazem parte de um quadro diretamente controlado pelo próprio prefeito.

Londres e a Lógica do "Estate"

Paris representa o caso extremo de desenvolvimento promovido pelo sistema público no qual tudo, do desenho das plantas ao ciclo de investimentos, foi ativado pela ação do Estado. É um modelo que podemos definir *dirigista,* porque a iniciativa privada é chamada para se inserir em um quadro predeterminado e imposto do alto.

Na outra metrópole europeia, isto é, em Londres, os termos parecem ser invertidos: aqui, as dinâmicas de crescimento e de transformação derivam diretamente dos desenhos das propriedades fundiárias e da ação dos investidores imobiliários. Na esfera pública competem os regulamentos edilícios, enquanto o resto, inclusive o desenho de novas estradas, deriva da iniciativa individual.

A metrópole inglesa passará de oitocentos mil a mais de dois milhões de habitantes, sem que nenhum instrumento de planejamento geral direcione o desenvolvimento.

Em 1856, em repercussão dos eventos parisienses é criado um organismo centralizado, o Metropolitan Board of Works, que responde às necessidades técnico-administrativas como coordenar a realização de alguns serviços em rede, substituindo a confusa ação das circunscrições individuais (*parish*). O Board providenciará a conclusão do aqueduto, do esgoto, do alargamento do Tamisa (*Embankment*), da abertura de poucas novas ruas, como Shaftebury Avenue; não procede com expropriações obrigatórias mas com a compra de áreas relativas, demonstrando que o poder público opera dentro da cidade segundo as mesmas "regras do jogo" dos atores privados.

A essa norma não escapam nem os soberanos, os quais, longe de traçar linhas coloridas na planta da cidade, operam no mercado imobiliário com as mesmas obrigações e direitos de outros proprietários. Em seus terrenos no norte de Westminster, a coroa britânica promove uma série de grandes intervenções especulativas, entre as quais a mais conhecida é aquela ao redor do Regent's Park.

O destino da família real é igual ao de outros proprietários do West End londrino, onde as realizações imobiliárias estão ligadas ao nome da estirpe que possui o *estate*: vejam os topônimos de Bedford, Belgravia, Grosvenor e aquele de Hannover, que indica pudicamente o nome da dinastia soberana. Na ausência de um esquema urbano geral, o proprietário se torna aval de uma ordem geral que, devido à dimensão da intervenção, assume a conotação de um verdadeiro e próprio plano diretor.

Em seu livro *Georgian London*, John Summerson descreveu magistralmente esse sistema que assegura unidade e decoro arquitetônico. Nessa lógica, o mecanismo do *leasing* permite aos proprietários permanecer como tais, mesmo depois que outros sujeitos tomaram, temporariamente, posse: o direito de superfície de usufruto é cedido por um período predeterminado (19, 29, 99 anos), enquanto a terra permanece nas mãos do *landlord*. Assim, o comprador tem tempo para recuperar o investimento enquanto, fundamentalmente, é garantida a continuidade e unidade do complexo imobiliário.

Esse mecanismo encontra sua aplicação otimizada nos bairros ricos da zona ocidental de Londres, naquela porção do novo aglomerado urbano que está se formando em volta de Westminster (exatamente o West End), da união dele com a cidade de Londres (a City e, na parte mais oriental, o East End).

Emergem e se afirmam, então, figuras de construtores especuladores como, por exemplo, Thomas Cubitt (1788-1855), em condições de realizar grandes intervenções unitárias em tempos relativamente breves. Ele nasce como *master builder*, mas sua atividade em Londres cobrirá todo o ciclo imobiliário: do financiamento ao projeto, da construção à comercialização, a partir dos contratos que ele subscreve com a propriedade fundiária.

A partir de 1750, com um andamento que não parece sofrer pelas interrupções históricas, os grandes *estate* londrinos tomam forma segundo um modelo constante: o *square* no centro, embelezado por um jardim condominial, constitui a única exceção na malha de ruas e frentes regulares.

Eles refletem o caráter unitário da intervenção, tendo em vista os vínculos impostos pelo *Building Code*: altura máxima limitada e constante, homogeneização dos materiais e dos detalhes de fachada, alinhamento das fiadas de rufos, mas nem sempre das frentes das fachadas.

Pensem na diferença entre o *square* londrino e a praça parisiense: o primeiro nasce como iniciativa autônoma do proprietário, de quem frequentemente leva o nome, a segunda é a expressão de um ato de Império que a autoridade pública impõe à malha preexistente.

Dentro e fora do West End, cada *estate* se encaixa entre as artérias principais, que, em sua malha frequentemente bizarra, reproduzem o traçado sinuoso de uma velha *turnpike* ou *high street*: o perfil dessas ruas de penetração – desigual nas frentes e nas alturas, irregular nas formas e no estilo – corta a estrutura regular dos loteamentos residenciais.

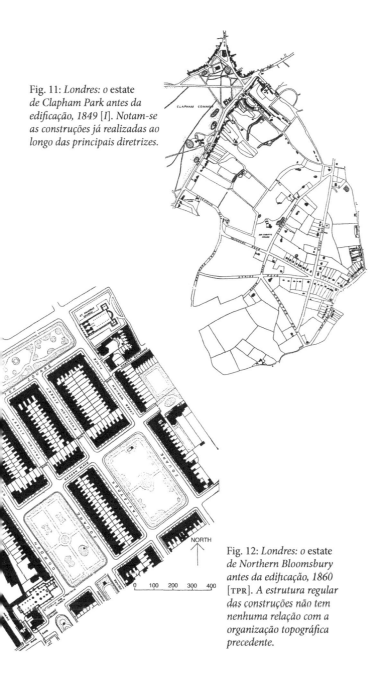

Fig. 11: *Londres: o* estate *de Clapham Park antes da edificação, 1849* [I]. *Notam-se as construções já realizadas ao longo das principais diretrizes.*

Fig. 12: *Londres: o* estate *de Northern Bloomsbury antes da edificação, 1860* [TPR]. *A estrutura regular das construções não tem nenhuma relação com a organização topográfica precedente.*

Parece que, ao longo de diretrizes principais, o princípio da unidade deixa de existir para ser substituído pelo principio da fragmentação, revelando, em toda sua evidência, a ausência pragmática de um plano estruturador.

Nesse espaço, destinado ao comércio e à passagem de carruagens, a lógica que concede margens mínimas de interferência ao poder público é manifestada de maneira brutal.

Na Paris "haussmanizada" acontece exatamente o contrário: na sua geométrica linearidade, a grande artéria comercial (o *boulevard*) corta o traçado irregular do tecido preexistente. A continuidade das frentes das fachadas, a rígida homogeneidade das alturas dos edifícios e dos estilos acentua esse seu caráter de elemento organizador que se sobrepõe ao caos labiríntico da cidade herdada do passado.

Em Londres prevalece uma dialética onde os fatores se invertem: à *desordem* da grande rua se contrapõe a *ordem* da malha edilícia, governada pelas normas inflexíveis dos regulamentos edilícios e da lógica imobiliária.

Planejar a cidade significa desenhá-la em grandes trechos residenciais, segundo regras de otimização de higiene: o resultado não será diferente, quer isso dependa do proprietário de um grande *estate* ou da própria prefeitura, como acontecerá frequentemente, no mesmo ideário do reformismo municipal.

Comparação entre Londres e Paris

Esse modelo empírico propõe uma visão "por fragmentos" em contraste com o modelo centralizador e uniformizador que alcança o ápice com os *grands travaux* do Segundo Império.

A comparação entre Paris e Londres sugere uma série de considerações que estão relacionadas com o modo de entender a construção de uma grande cidade ou, se preferirmos, o modo de encorajar e racionalizar o forte estímulo ao crescimento, que se delineia no século XIX.

Em Paris, o processo de transformação passa por um titânico esforço de redesenho que finaliza as diversas partes em uma única entidade física e funcional; tudo, do sistema viário ao de esgoto, contribui para esse objetivo; em Londres, a falta de um esquema geral e de uma vontade unificadora mantém o caráter descontínuo, policêntrico e, ao mesmo tempo, exalta as vocações originárias: as atividades financeiras e bancárias se colocam dentro dos limites da cidade medieval, as agregações político-ministeriais em volta da Westminister, da residência nobre no mais salubre West End, das atividades nocivas e pouco remuneradas nos eixos menos salubres da East End, próximo àquele *barrage* que impede aos navios de penetrar no coração da cidade.

Mesmo que sejam evidentemente fragmentadas, as diversas partes parecem trabalhar ao uníssono e compõem a estrutura de uma autêntica metrópole: pedaços de uma engrenagem gigantesca que se mostra em condições de produzir inovações técnicas e de oferecer oportunidades sociais e econômicas em uma abundância impensável cem anos antes.

As divisões administrativas serão reveladoras de duas maneiras opostas de entender a relação entre as partes e o todo: implantada em 1898, a divisão em *bouroughs* reflete fisionomias locais consolidadas, enquanto em Paris os *arrondissments* haussmanianos correspondem a partes casuais de uma entidade que de fato é indivisível.

Com posições diferentes, as duas capitais competem para definir uma ideia de metrópole, categoria ainda não reconhecida nos seus intensos aspectos de inovação no plano das relações da economia e cultural. Antes de então, a única referência possível estava relacionada com as concentrações urbanas da Antiguidade, ou seja, Roma e Alexandria pelas dimensões, Babilônia pela coexistência de línguas e costumes diferentes.

Junto à dimensão milionária, o retomar do termo no século xix evoca a presença simultânea de diversas atividades e tipologias humanas: da área dos trabalhos manuais tradicionais às novas funções de natureza intelectual, desde as profissões mais satisfatórias às mais degradantes.

O entusiasmo dos sociólogos na classificação e a fantasia dos romancistas irão se desencadear um na análise e outro na descrição do caleidoscópio infinito das novas ocupações, que vão da vendedora de lojas de departamentos à prostituta de alto nível, da *charity lady* ao jornalista, do homem de negócios ao *maître d'hôtel*. Cada um parece ser associado a um espaço preciso no interior do grande recinto metropolitano: dos meandros obscuros dos *Misérables* de Victor Hugo ao mundo brilhante dos *café* e dos *restaurant* descritos por Zola e Maupassant. A própria ideia de metrópole está baseada na ideia do contraponto entre cenários contrastantes e situações extremas que passam do extremo da excepcionalidade aos abismos do vício.

A metrópole é o lugar das grandes oportunidades, de encontros decisivos, de rápidas fortunas e quedas desastrosas, como na Londres ilustrada por Thackeray em *Vanity Fair*. O romance, principalmente quando publicado em *feuilleton*, reflete o dinamismo típico da grande cidade, descrevendo, de maneira exacerbada, lugares e características que marcam as ascensões e as mudanças repentinas de uma cidade em transformação.

Em *A Era do Capital*, Eric Hobsbawm falou sobre a extraordinária capacidade de Paris, Londres e Berlim irradiar a moda, o gosto e as tendências culturais para o mundo todo. A cada uma das três metrópoles designou três partes do planeta: para Paris, a Europa mediterrânea e a América Latina além das colônias francesas; para Londres, a América do Norte e os países do vasto Império britânico; para Berlim, a Europa central, a Rússia e a Turquia.

Referindo-se a problemas de *forma urbis*, é preferível nos concentrarmos sobre as duas *world city* e as duas esferas de influência respectivas: Paris e Londres. A primeira oferece um modelo que poderemos definir como "aglutinador": ao crescimento impetuoso, ao risco de perder o limite e a um

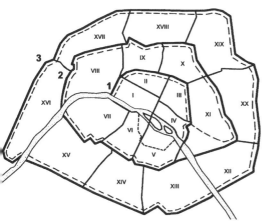

1. Cinta das muralhas de Carlo v (século xvi)
2. Muralhas da cinta dos "Fermiers Généraux" (1748-1791)
3. Cinta de Thiers (1840-1845)

Fig. 13: *Paris: a divisão em vinte circunscrições distritos* (arrondisments) *instituído em 1860 e coincidente com as linhas concêntricas das três cintas de muralhas.*

Fig. 14: *Londres: a divisão em 32 distritos* (borroughs) *instituída em 1889 com a criação do London County Council.*

59

perfil reconhecível, a resposta é um forte desenho que homogeneíza, possível devido a um sistema centralizado.

Londres oferece um outro caminho possível, baseado na fragmentação, considerando-o fenômeno reconhecível mesmo sob o aspecto da organização física e espacial. A ausência de um plano geral, a força autônoma de um único *estate*, governado por lógicas decisivas e formais próprias, é o resultado coerente desse modo de conceber o crescimento de uma grande cidade.

As respectivas fisionomias metropolitanas se consolidam em concomitância com as grandes transformações edilícias do período. Da mesma maneira, Paris, Viena e Berlim também tentam acentuar as características de homogeneidade e equipotência; ao contrário, Londres valorizará seu caráter de metrópole policêntrica e descontínua.

Enfim, a metrópole *puzzle* oferece um exemplo alternativo à Paris haussmaniana: sua essência fragmentária encontra uma adesão formidável do outro lado do Atlântico, no final de século, ao emergir um novo ícone da metrópole, ligado à cidade americana e ao desenvolvimento cada vez maior do *skyscraper*. Versão atualizada de um perfil urbano fragmentado, esse sujeito inédito restituirá o termo metrópole às suas raízes originárias, oferecendo um cenário da "nova Babilônia".

O ROYAL ESTATE DE REGENT'S PARK

Em uma área de duzentos hectares de propriedade da coroa, durante o período do reinado, inicia-se a maior operação imobiliária, nunca realizada antes, no West End londrino. Em volta de um novo parque com aspecto pitoresco, John Nash (1752-1835) desenha elegantes *terrace-house* embelezadas por colunas, tímpanos e frontão, em sequência linear e em volta de figuras geométricas, como círculos (*circle*) e semicírculos (*crescent*) empregadas com sucesso em Bath.

Em 1812 o arquiteto projeta a interligação entre o novo *estate* e a residência do regente, situada nas proximidades de Westminister: é assim que toma forma Regent Street, que rasga, por quase dois quilômetros e meio, áreas já edificadas e revela, com seu andamento sinuoso, as dificuldades de uma comparação com vínculos e obstáculos de todo tipo. Nessas condições, Nash se demonstra muito hábil em motivar as sobras de área de terreno com invenções arquitetônicas como o Quadrant, o grande edifício curvilíneo e cheio de colunas que compensa o não alinhamento dos dois trechos da nova estrada.

Iniciada em 1813 e completada em 1835, a grande artéria será comparada com a parisiense rue de Rivoli, aberta nos mesmos anos, com aspectos que não admitem mediações com o contexto.

Fig. 15: *Londres: vista de novos imóveis previstos ao longo da Regent Street, em uma água-forte de T. Shepherd, 1829* [MPI].

Arquivo 61

OS "BASTIÕES" DE MILÃO

Em Milão, são chamadas de portas as barreiras integralmente recriadas e dotadas de portão e cabines de pedágios (*dazio*). É o caso da Porta Volta, realizada na década de 1870, sobre os entulhos dos bastiões norte-ocidentais, ao longo do eixo que conduz ao novo Cemitério monumental.

Ao definir uma parte de cidade, permanecerá o topônimo *porta* mesmo se, a partir do fim do século XVIII, não existam mais vestígios das fendas originais nas muralhas. Em ocasião da abertura das novas praças substituindo a antiga porta, será colocado, como norma, um arco de triunfo posicionado entre as duas cabines de pedágio (*dazio*): ocorre assim também na Porta Ticinese, na Porta Venezia, na Porta Nuova.

Sobre os sedimentos das velhas muralhas, forma-se um duplo anel: um *ring* mais interno com características de artéria cenográfica de grande vazão e uma rua circular de serviço, mais externa, destinada a conter a sede do *tramway* e os equipamentos comerciais.

Fig. 16: *Milão: a Porta Nuova, obra de L. Cagnola, em uma pintura de G. Migliara, 1813 [Coleção particular]. A muralha, nesse caso, foi demolida em correspondência da porta: em seu lugar, foram criadas cópias simétricas dos guaritas dos pedágios* daziari *interligados por portões que de noite são fechados.*

62 *Arquivo*

O "RING" DE VIENA

1. Altstadt
2. Ring
3. Unstadt
4. Donaukanai
5. Leopoldstadt

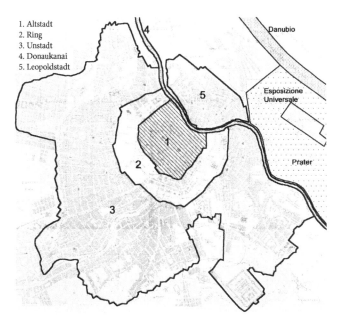

Entre 1815 e 1857, ao abater a máquina bélica se torna possível o planejamento de um novo prestigioso bairro no espaço correspondente à esplanada, entre a linha das muralhas demolidas e os burgos externos. Aqui, na faixa desmilitarizada, é configurada a *Ringstrasse*, rua de seção notável onde são colocadas, em uma sequência ordenada, as funções de uma grande capital imperial, após 1848: o parlamento, a municipalidade, a universidade, os museus nacionais, o teatro lírico.

Fig. 17: *Viena: as três faixas concêntricas da cidade do século XIX.*

O "RING" DE TEMESVÁR/TIMISOARA

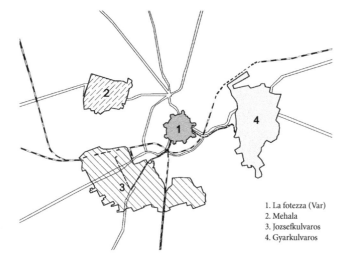

1. La fotezza (Var)
2. Mehala
3. Jozsefkulvaros
4. Gyarkulvaros

Declarada "cidade livre" em 1853, e abandonadas as suas prerrogativas de cidade-fortaleza, o centro se interroga sobre o futuro da faixa não edificável, larga quinhentos metros, que fica além das muralhas. Em volta tem o "frestadtisches Gebiet", a área livre de vínculos militares onde se desenvolveram, em forma de anel, assentamentos de baixa densidade (*Vorstadt*), cada um correspondente aos grupos que compõem o mosaico étnico da região (romenos, sérvios, magiares e alemães). Porém, a cidade não receberá o estímulo suficiente para preencher o espaço da esplanada, que permanecerá em boa parte não edificada, hospedando depósitos, hortas e ramais ferroviários. Ao longo do século XX será realizada uma sequência de parques e jardins.

Fig. 18: *A cidade-fortaleza de Temesvár/ Timisoara e seus "burgos étnicos", por volta de 1850.*

2. A TEORIA:
A CIDADE COMO SUJEITO ESPECIALIZADO

Descrição e História da Cidade

No decorrer do século XIX, a cidade é ilustrada pela primeira vez como sendo uma instituição autônoma: não é mais representada simplesmente como no passado, mas agora ela é descrita de maneira detalhada como entidade completa. Se nas paisagens e nos guias tinha se procurado restituir[1] uma fisionomia unitária, em formas que exaltassem o isolamento do contexto, agora se trata de apresentar aquilo que também não é perceptível ao olho humano.

Tornam-se, portanto, objeto de descrição também aqueles dados impalpáveis que contribuem na definição do

1. Com o termo "restituir", o autor, neste texto, quer apontar aquilo que uma realidade analisada (mapas, diagramas, documentos) representa em relação à sua específica simbologia.

caráter urbano, como as atividades econômicas, a distribuição da população, a difusão das doenças. Pela primeira vez na história da cidade, sua fisiologia e sua patologia se tornam importantes temas de estudo; poderemos dizer que não somente o ser, mas o se tornar será também descrito através de novos instrumentos colocados à disposição da ciência.

Indagar é a palavra chave, reflexo de uma ambição evidente que reproduza o método positivo. Ao fixar os princípios para uma aproximação "objetiva" à cidade, o engenheiro catalão Ildefonso Cerdà individua três formas expressivas para analisar e restituir o caráter da linguagem dos números, o desenho da planta e a palavra escrita. Por trás de cada um desses instrumentos, ele indica três gêneros precisos: a pesquisa estatística, a representação topográfica e a descrição mais ou menos detalhada.

Segundo o que Cerdà afirmava por volta de 1860, nós podemos acrescentar outros gêneros de tipo intermediário, como a inquisição parlamentar ou o livro de denúncias; veremos mais adiante que ambos utilizam tanto a evidência do dado estatístico como a sugestão da palavra escrita.

De cada uma das três principais linhas cognoscitivas ele individua os limites e os pontos de força, indicando, porém, a complementaridade. Os números permitem alcançar os mais altos valores de objetividade e de universalidade, mas eles também são um instrumento rígido e pouco adaptável para deixar emergir a especificação de uma cidade. Em uma posição análoga, a cartografia e a topografia devem nos fornecer um quadro de referência geral, mas não podem, sozinhas, restituir-nos o caráter de um aglomerado urbano.

Pelo contrário, isso é possível através de um texto escrito, o qual, porém, sofre de um excesso de subjetividade e, diferentemente dos números, não é compreensível a todos. Ocorre, portanto, falar nas três formas expressivas de maneira simultânea, para assim poder dar uma ideia do quadro urbano em toda a sua complexidade.

Nos mesmos anos, Émile Zola se esforça em misturar os gêneros descritivos para chegar a uma ilustração objetiva da Paris dos *grands travaux* haussmanianos. O seu é o estupor do provinciano que chega à metrópole mirabolante; abolidos os aspectos sentimentais e emotivos, ele pretende descrever, através do "romance naturalista", o que observa com seus próprios olhos.

A narrativa realística se expressa fundamentalmente através do uso da palavra, utilizando também a fotografia e os dados estatísticos, como o próprio Zola admite. Assim reforçado, o romance se propõe como eficaz instrumento de representação, em condições de atenuar o caráter arbitrário implícito na narrativa.

Cerdà provavelmente não conhecia Zola. É evidente, porém, que o engenheiro catalão e o escritor francês, apesar de terem objetivos diferentes, estão falando do mesmo problema de como descrever e restituir as características da grande cidade.

Nas vestes de analistas/descritores, tanto um como outro podiam contar sobre o excepcional desenvolvimento das ciências analíticas. Entre os instrumentos a eles fornecidos, estão a fotografia e a estatística: sem os repertórios dos "fotógrafos das ruas" (entre os quais o mais famoso será Eugène Atget), as descrições de Zola não teriam tido a mesma capacidade de penetração.

Aos outros instrumentos analíticos é necessário acrescentar a historiografia documentária, apesar de sua evidente diversidade. Em suas finalidades recíprocas, a indagação histórica, a verificação estatística e o levantamento fotográfico se demonstram sinérgicos no esforço de satisfazer a necessidade de conhecimento, penetrando bem além da espessa cortina do mito e dos estereótipos consolidados.

Particularmente após 1850, esse novo modo de olhar a cidade oferece um campo de ação com diversas formas de especialização. Entre essas temos a história urbana, que utiliza os instrumentos da erudição e as fontes históricas para reordenar a sequência de acontecimentos e demolir as incrustações míticas. Em quase todos os centros de tradição cívica mais consolidados, nascem novos perfis históricos ligados aos acontecimentos chave, lavrados em documentos: atestados e franquias imperiais, sigilos papais, estatutos municipais, atos de submissão. Tudo isso alcança maturidade por volta de meados do século XIX e contribui para reformular um perfil urbano que rompe as ligações com velhos estereótipos ou com antigas lendas sobre a fundação, mas nunca postas em séria discussão.

Em uma série de ensaios publicados em1858, Carlo Cattaneo tentou individuar, nos acontecimentos dos centros urbanos, o fulcro da história italiana: em sintonia com um princípio emergente, ele propõe olhar para ela com os olhos de um cientista, eliminando lugares-comuns e liberando-a de todos os mitos persistentes. "A cidade é o princípio da história", afirma Cattaneo, aludindo a um tema muito importante para que seja deixado nas mãos de diletantes.

Com *La Cité antique* (A Cidade Antiga) (1864), Fustel de Coulanges constrói uma história dos assentamentos humanos que inicia com as origens pré-históricas e vai até o período Tardo-romano. Com a ajuda de Aristóteles e de sua teoria das três fases de desenvolvimento, incorporando uma série de aquisições sociológicas recentes, ele apresenta uma obra onde, pela primeira vez, a cidade, generosamente intensa, emerge como entidade historiográfica autônoma.

Na visão de Fustel, a nova ciência se nutre quase que exclusivamente dos documentos históricos e não dos excepcionais progressos conseguidos em outros setores como a cartografia e a fotografia.

A Representação Cartográfica

No início do século, a representação topográfica das cidades chega a ter ótimos níveis de precisão e de detalhamento, graças a uma série de progressos técnicos: ao

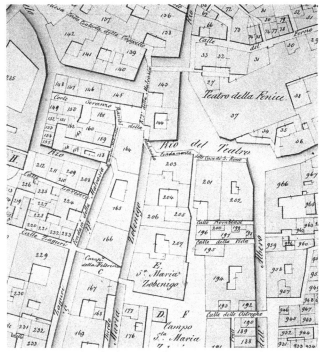

Fig. 19: *Veneza: desenho do registro de imóveis austro-napoleônico, 1806* [MRV].

restituir uma planta urbana, o cartógrafo pode contar, por exemplo, com o colossal esforço analítico cumprido, entre o século XVIII e XIX, para realizar os registros dos imóveis *particellari*[2].

Do século XVIII em diante, os bens imobiliários estão também descritos de maneira topográfica: através do *mappale*[3] ou outro número de referência, as *particelle*

---

2. Uma porção de bem imóvel – terreno ou construção – pertencente a uma única prefeitura, pertencente a um único proprietário, com um único tipo de produção e um único nível de produção. Elas são individuadas pelo número de folha de mapa do registro de imóveis e pelo número ou letra de *particella*. (Disponível em www.casaclick.it/glossario/definizione/mappale-catasto.htm; acesso em 03/11/2007).
3. Número de identificação de *particelle* (imóvel ou terreno) em uma planta do registro de imóveis. (Disponível em www.casaclick.it/glossario/definizione/mappale-catasto.htm; acesso em 03/11/2007).

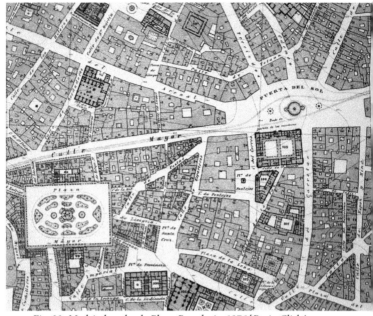

Fig. 20: *Madri: desenho do Plano Parcelario, 1876* [Paris, Cliché Bibliothèque Nationale de France].

fundiárias estão colocadas em uma planta urbana para poderem ser identificadas no espaço.

Muitas das cartas que aparecem na primeira e na segunda metade do século representam a síntese geral desse trabalho. São reportadas as *particelle* fundiárias individuais, precedentemente medidas e cujo levantamento foi realizado para fins fiscais: estão também incluídas as referências toponomásticas que, de forma detalhada, provêm de obras de levantamento do registro de imóveis.

A planta topográfica de Paris de 1806 respondeu ao antigo problema de recuperar os levantamentos altimétricos graças às mais sofisticadas técnicas de recuperação; esse mapa constituirá a base de todos os projetos futuros de transformação e de ampliação. Analogamente, mesmo o Plano Parcelario de Madri, de 1874, reapresentará a síntese de um trabalho de varias décadas de análise e de recolha de dados fundiários.

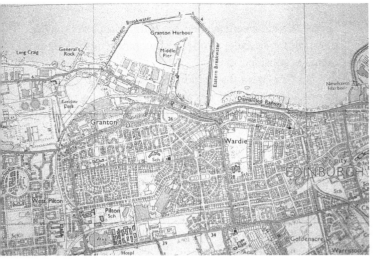

Fig. 21: *Edimburgo: desenho da Ordnance Map Survey* [OMP]. *A série de desenhos da Ordnance Map Survey representará uma base neutra para a elaboração de topografias de caráter temático: por um lado, o deslocamento das baterias de defesa, dos depósitos militares; por outro lado, a localização dos focos de doenças. Essa grande produção cartográfica determinará consequências em vários níveis, principalmente na dimensão urbana: a escala escolhida para realizar o grande mapa nacional (um polegar por uma milha, ou seja, 1: 6400 em decimais) permite uma descrição detalhada das ruas, quarteirões, terrenos não edificados etc.*

Além da similaridade da planta dos mapas urbanos, cresce também seu grau de difusão. Até então, esses constituíam um gênero reservado aos especialistas (militares, funcionários fiscais).

A colaboração dos topógrafos do exército é decisiva na realização de uma cartografia nacional, unificada por uma escala comum e por técnicas de representação. Na França, na Era Napoleônica, na Grã-Bretanha, nos primeiros quarenta anos do século XIX, na Itália após a unificação, as autoridades civis delegam essa função aos especialistas militares, mesmo com a criação de estruturas adequadas como, por exemplo, o Instituto Geográfico Militar, o Ordnance Survey Office no Reino Unido. Em todos os lugares, na sua ambição de cobrir o país inteiro, o projeto cartográfico aparece ligado ao enciclopedismo iluminista e, na sua desmesurada variedade, a função requererá tempos longos e recursos conspícuos.

Na Grã-Bretanha, o motivo inicial está ligado a duas prioridades na escolha das áreas: de um lado, os condados do canal da Mancha devido aos seus relevos estratégicos; e, de outro, as áreas mais sujeitas a epidemias, como Londres e as grandes concentrações urbanas.

Os esforços conjugados dos topógrafos militares e dos especialistas da administração fiscal fornecem o substrato em uma extensa produção cartográfica do tipo detalhado; principalmente após 1840, esse acúmulo de conhecimentos gera uma série de subprodutos dirigidos a um público maior. Antes na Grã-Bretanha, depois na França, aparecem as primeiras plantas de bolso dobráveis, *pocket series*, *touring plans* à disposição do viajante: para imprimi-las e difundi-las encontramos aqueles que se tornarão os grandes nomes da editoria turística (Hachette, Bartholomew, Rand Mc Nelly).

A moda dos *foldable maps* se difunde na Inglaterra no início do século XIX, acompanhados de estojos decorados com arabescos. Dobrar um mapa e colocá-lo em uma caixa de papelão é uma operação praticada há muito tempo pelos oficiais do exército, a partir do século XVIII. Após 1875, na nova geração de guias de bolso, os "Bedaeker", são anexadas plantas dobráveis aos textos descritivos.

O mapa desenvolve um papel chave de leitura indispensável, de um objeto já ao alcance dos *turistas*: recuperada em seu conjunto, a cidade aparece também em uma série de circunstâncias ligadas a um consumo de massa (nas exposições universais, nas monografias como *Le cento città d'Italia* [As Cem Cidades da Itália]). Nas colinas que dominam a cidade são construídos mirantes para que um vasto público possa apreciar uma visão do alto. Especialmente após 1860, são multiplicados os pontos panorâmicos em todas as maiores cidades: do largo Michelangelo de Florença ao Montjuich de Barcelona, do terraço do Pincio em Roma à varanda do Sacré Coeur em Paris. Onde não existem alturas, são construídas "rodas panorâmicas", como aquela realizada no Prater de Viena, por ocasião da Exposição de 1873.

No final do século XIX, com a conquista do céu, um passo ulterior será dado para que a cidade seja compreensível em seu conjunto e de forma cada vez mais eficaz. Após ter sido posta à prova, nos primeiros tempos, com visões de rua, a lente agora se eleva bem acima do alcance do olho, para fornecer uma imagem zenital ou aerofotogramétrica dos centros urbanos.

Foi determinante a colaboração dos militares na cartografia moderna, dos primeiros "painéis" para o levantamento manual até o balão aerostático. Eles forneceram técnicas e materiais (é deles também a própria ideia de representar o território de forma unitária). Além dos instrumentos e dos critérios de recuperação, também provêm daquele ambiente os especialistas chamados para substituir as escassas competências da administração civil.

A Análise Estatística

Em sua natural essencialidade, os dados estatísticos servem para descrever as cidades segundo categorias predeterminadas: as variações demográficas, o volume de trocas, da produção agrícola e manufatureira.

Isso permite fazer comparações entre cidades e partes do território, evidenciando os problemas sobre os quais as autoridades são chamadas a intervir. Portanto, *conhecer para governar*, e é devido a isso que, na Era Napoleônica, a estatística aparece como um setor da arte de governar.

Em 1800 é fundado, na França, um departamento central de estatística sob a direta dependência do ministro do interior; em Milão, em 1807, é instituído um departamento estatístico análogo. O objetivo é, antes de mais nada, realizar "estatísticas setoriais" de caráter *corográfico*, isto é, descrições gerais do quadro econômico e demográfico, cujos índices concorrem para definir as características e anomalias.

A homogeneidade nos critérios de coleta é uma condição necessária para comparar os dados de realidades locais diversas, para estabelecer uma norma e medir as eventuais diferenças. Por isso o caráter fortemente centralizado de um método que, a partir de uma diretriz central, se articula depois nas unidades administrativas individuais (*departamento, província, kreis*).

A partir desse princípio, a coleta de dados estatísticos seguirá os organogramas da administração de polícia, desde o centro à periferia, do ministério do interior aos prefeitos, aos quais compete o ônus de coordenar a coleta de dados. É o modelo napoleônico aplicado na França e mais tarde retomado na Alemanha e na Itália unificadas.

Mais uma vez se apresenta de maneira diferente o caso da Grã-Bretanha, que não dispõe de um instituto central de estatística, mas, em compensação, possui uma rede de autoridades locais dotadas de amplas margens de iniciativa. As pesquisas piloto de algumas prefeituras, particularmente ativas, como Edimburgo, devem, porém, encontrar formas de coordenação; não antes de 1838 será decretada a obrigação de manter um registro anagráfico por meio de critérios comuns.

As grandes pesquisas parlamentares, como aquela conduzida pela Royal Commission, em 1844-1845, sobre as condições da grande cidade, têm também o papel de realizar uma espécie de registro nacional dos dados provenientes de fontes locais. De modo particular, as obras daquela comissão serão concluídas com a afirmação oficial de um princípio que, daquele momento em diante, ninguém mais terá coragem de pôr em discussão, ou seja, que existe uma estreita relação entre o anômalo índice populacional e a explosão de algumas doenças de caráter coletivo. De maneira particular, estão sob acusação os três flagelos presentes nas concentrações urbanas do século XIX: o tifo, a tuberculose e o cólera.

Portanto, ocorre iniciar imediatamente pelo problema das habitações insalubres e densamente habitadas, verificando cidade por cidade, bairro por bairro, quarteirão por quarteirão. É colocada no centro da pesquisa, mais do que outras, a questão dos *slums*, termo inglês que designa áreas de degradação social e edilícia. A expressão se repete, seja na linguagem das pesquisas jornalísticas ou no linguajar especializado, a partir do século XIX e incorpora, em si própria, as consequências entre carência das moradias e doenças, que as estatísticas evidenciaram.

A esse conceito – fulcro de toda literatura sobre a patologia urbana – obedecerão tanto as pesquisas oficiais como aquelas conduzidas a título pessoal pelos jornalistas, religiosos, filantropos. Essa é uma dimensão que se reencontra frequentemente, entre 1850 e 1914, nas cidades situadas nas duas margens do Atlântico; no East End londrino, onde se "imergem" alguns exploradores voluntários como Henry Mayhew. Publicadas em "The Morning Chronicle" em 1849-1850, suas *letters* constituíram um modelo para o jornalismo de denúncia.

Cinquenta anos depois, Jacob Riis se servirá também da máquina fotográfica para documentar e denunciar as condições desesperadas nas quais vivem muitos imigrantes em Nova York. Suas *reportagens* sobre as ruas escuras e malcheirosas, apartamentos apinhados de gente, abuso de crianças macilentas, oferecerão uma chave de leitura fundamental para todos os que representarão os novos "infernos urbanos" disseminados nas metrópoles americanas.

A Topografia e a Estatística

Quase nos mesmos anos, um oficial do exército da salvação, Charles Booth, inicia a pesquisa de uma gigantesca quantidade de dados relativos à totalidade da cidade de Londres: a partir de 1887 ele decide consagrar o seu tempo livre analisando dados já disponíveis, mas, principalmente, indo de porta em porta. Apesar do método "artesanal", ele conseguiu classificar três milhões de indivíduos de acordo com a renda e as condições de moradia.

No fim de seu trabalho monumental, Booth redige um grande mapa colorido: diversas áreas indicam a população dividida em oito categorias e evidencia uma insuspeitável difusão da pobreza em cada uma. Em 1889, sob a direção do médico Jacques Bertillon, o departamento de estatística de Paris publica uma série de *cartogrammes e diagrammes*: mesmo nesse caso, a pesquisa "apresentada" serve para mostrar as dramáticas desigualdades. Com o nome *Statistique graphique*, ele define um método para representar,

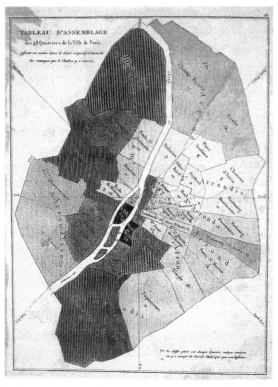

Fig. 22: *Paris: representação, em diversos tons de cinza, da difusão do cólera nos 48 bairros, após a epidemia de 1832* [RMC].

no mapa da cidade, além da doença e da pobreza, alguns elementos relativos ao tráfego e aos consumos.

Mais ou menos conscientemente, o "diletante" Booth e o profissional Bertillon se serviram da *topografia estatística* como sendo uma técnica que se foi aperfeiçoando durante o século XIX:, ou seja, a tradução dos dados analíticos em uma planta, com traçados e cores de diversas intensidades. Cerdà teria falado de um cruzamento entre dois gêneros expressivos diversos.

Foram principalmente os médicos e os oficiais sanitários que deram o passo decisivo para explorar a cidade nas suas diversas partes. Em seguida à epidemia de cólera dos anos de 1830, começaram a dispor na planta os dados em valores absolutos ou em valores relativos: quantas mortes, quantas pessoas contagiadas em cada uma das unidades topográficas levadas em consideração.

O tipo de interpretação foi fornecido pela estatística. As diversas situações patológicas foram contextualizadas, de modo a poder entender onde se manifestaram os "distanciamentos às regras e normas" maiores. O retorno, diferenciado segundo os efeitos da doença, requer vários instrumentos cognoscitivos e descritivos: uma sólida e correta base topográfica com referências toponomásticas e de registro de imóveis, uma organização anagráfica dos dados estatísticos, ou seja, uma descrição dos dados divididos por ruas e unidades imobiliárias, segundo uma ordem estabelecida há tempos.

O desenvolvimento de um conhecimento analítico da cidade se revela crucial nas década entre 1820 e 1850, quando surge uma nova geração de plantas topográficas onde está representada a síntese de uma obra de levantamento geometricamente exata que, nos anos precedentes, permitiu a complementação dos denominados registros de imóveis *particellari*.

Esse sistema de conexão entre topografia e esquema analítico abre o caminho a outros tipos, em particular na pesquisa sanitária e de habitações. Como demonstra o caso de Veneza, o dado estatístico se insere em uma demarcação topográfica; a nova planta urbana marca, portanto, a interligação entre diversos tipos de pesquisa.

Fundada com uma linguagem neutra, objetiva e universal, a pesquisa médico-estatística serve para localizar o mal com precisão, da mesma maneira que, em outra escala, permite a comparação entre contextos urbanos diferentes. Somente dessa maneira é possível determinar uma regra geral, com a qual, após ser fixada, será possível medir, caso por caso, os eventuais "distanciamentos".

Devido a comparações com bases quantificáveis, após 1850 a noção de "estatística internacional" adquirirá importância, a qual, por sua vez, na segunda metade do século, sustentará não poucos movimentos reformistas. A Bélgica está no centro de um retículo de relações que dão vida aos primeiros congressos internacionais de estatística, entre 1853 e 1874. Nesse contexto, através do uso comparativo da estatística, se afirma uma ideia de "urbanismo" fundada do recorrer sistemático à pesquisa e à comparação entre dados quantitativos.

A Contribuição dos Militares

Direta ou indiretamente, os militares fornecem uma contribuição decisiva na formação de um setor especializado nos problemas territoriais e urbanos.

Em muitos casos são os únicos em condições de oferecer um suporte especializado que, de modo contrário, não seria disponível. Na França, o caráter militar da École Polytechnique nos lembra, ainda hoje, a origem dos estudos de engenharia.

Não somente a topografia, mas mesmo os outros instrumentos de pesquisa e de controle da cidade usufruem das técnicas elaboradas pelos militares, nascidas com o escopo de enfrentar situações de emergência. Suas consolidações marcarão a passagem de uma condição de excepcionalidade a um estado de normalidade: é exemplar o caso dos levantamentos estatísticos que, na passagem entre os séculos XVIII e XIX, se tornam parte de uma rotina administrativa.

A contribuição dos militares não está relacionada somente à esfera cognoscitiva mas, também, ao setor das realizações: tem uma longa tradição nas questões de assentamentos que remontam pelo menos até o final do século XV. No século XIX nascem cidades como Odessa ou La Spezia, inteiramente projetadas por técnicos do Quadro de Engenheiros Militares com base em modelos geométricos consolidados.

A malha quadrada, definida de diferentes maneiras (*quadrillage*, *checkerboard*, *Gitter*), representa o valor peculiar que caracteriza quase a totalidade das intervenções desenhadas pelos especialistas das forças de terra e de mar. Seriam reminiscências do acampamento fortificado romano, segundo modelos que ainda se ensinam nas escolas de guerra? Ou então trata-se simplesmente de exprimir uma *ratio* (razão), tão lacônica quanto brutal na sua simplicidade?

Nas colônias do além-mar, a capacidade dos militares de projetar encontra, no decorrer do século XIX, um campo de aplicação extraordinário principalmente lá onde ocorre implantar uma malha infraestrutural a partir do nada: a Algéria não é um exemplo, visto que é um país já dotado de uma estrutura de assentamento, porém, só para citar alguns exemplos, temos o Senegal francês, a Eritreia italiana, o Congo belga. Nesses casos, os engenheiros militares monopolizam a totalidade dos problemas de natureza territorial: da construção de vias transitáveis à realização de plataformas portuárias até o traçado e a *mise en place* de ocupações urbanas inteiras, como Dakar ou Asmara.

Nada de extraordinário, poderá se objetar, porque em situações limites os técnicos militares preparam estruturas provisórias que depois passam para as mãos das autoridades civis: assim, para recorrer a uma imagem conhecida, pensemos no ancoradouro que se transforma em uma ponte de pedra, acessível a todos.

Um pouco em todos os lugares, o exército é chamado para enfrentar não somente cenários de guerra, mas também epidemias e catástrofes naturais; mas, na realidade, os militares continuam a ter um papel de primeiro plano, mesmo na fase sucessiva, mesmo quando a emergência foi superada.

Em alguns países, como a Rússia, os corpos especiais desempenham funções civis: devem delimitar áreas em condições especiais de edificação ou reservadas a determinadas funções. Em alguns casos, aos militares cabe também funções de polícia, como traçar o limite invisível entre o lícito e ilícito, entre salubre e insalubre.

Além das cidades coloniais, esse dado é registrado nos centros do *limes* oriental; paradoxalmente ele se intensifica no meio do processo de desmilitarização, como o demonstra o caso de Corfu britânica. Aqui, aos engenheiros militares compete também a função de definir e projetar os equipamentos civis (escolas, prisões, hospitais), tanto aqueles adaptados em estruturas preexistentes, como aqueles novos, a serem realizados. Em Corfu, assim como em Espálato e em Zara, os projetos globais de transformação e readaptação do sistema de defesa substituem a ausência de um plano edilício geral.

Nas cidades do Grezenland austríaco, após a queda dos vínculos e da servidão, se reafirma a primazia da "razão militar" nas faixas liberalizadas recentemente. Quando não são os mesmos técnicos do Quadro de Engenheiros Militares a desenharem as estradas e os quarteirões, seu parecer será decisivo no processo de reconfiguração urbana, condicionando as implicações funcionais e consequências edilícias.

Em conclusão, podemos afirmar que o poder dos militares não se limita a questões de controle e veto. Nas áreas e nos centros de valor estratégico, suas capacidades de projetar se revelam muito amplas, mesmo se o ponto de partida considera problemas circunscritos, como a reconversão do aparato de defesa.

A cultura técnica dos engenheiros militares consegue realizar uma síntese operativa das diferentes contribuições de tipo cognoscitivo (estatística, cartografia) e pode se confrontar com os problemas da cidade inteira, inclusive aqueles de natureza civil, relacionados ao seu destino edilício.

No fundo, portanto, existe um "urbanismo dos militares", que reemergirá cada vez que as circunstâncias o exigirem: em situações-limite, devido à presença de eventos excepcionais, como guerras, catástrofes, ocupações. Em todos esses casos, o exército será encarregado de todas as questões ligadas à esfera urbana.

Hidráulica e Urbanismo

Com uma visão diferente, os hidráulicos também se demonstram capazes de administrar o ciclo inteiro, da análise ao projeto. A leitura da representação do universo urbano é como se fosse um sistema de fluxos interdependentes.

A leitura foi se apoiando em fórmulas físico-matemáticas à medida que as técnicas hidráulicas engrossavam seu suporte cientifico. A dinâmica e a estática dos fluidos foram interpretadas de maneira que não se limitam na resolução do problema em si, mas o englobam em um plano de reequilíbrio geral.

O século XIX marca o momento em que a hidráulica deixa de ser um problema do território em geral, para se transferir para a cidade. Entre o século XVI e XVII, o campo de elaboração e de verificação foi oferecido por contextos excepcionais, como, por exemplo, as terras baixas da Zelândia ou as lagunas do Vêneto. Mais tarde, princípios e técnicas são revertidos nas áreas rurais e, finalmente, nos centros habitados.

Os especialistas de águas fornecem uma chave para analisar e quantificar todos os elementos dinâmicos da cidade: eles os inserem na perspectiva de poderem ser reconduzidos a uma condição de fundamental equilíbrio.

A hidráulica tem o papel de metáfora técnica, oferecendo-se como terreno adequado para abstrações e para simulações ligadas à noção de movimento.

Como já vimos, se os militares fornecem uma contribuição decisiva na formação de um pessoal técnico, a hidráulica oferece uma perspectiva edificante e um perfil unitário, no qual irá inserir uma série de intervenções que resultariam, de outra maneira, fragmentadas.

Nessa visão se coloca um fenômeno generalizado na Europa da primeira metade do século: o nascimento de escritórios chamados para projetar e coordenar as obras públicas, de acordo com uma habitual tripartição, nos setores das águas, viário e da edificação. Em novos departamentos, instituídos para essa finalidade, as diversas componentes da reorganização hídrica se interligam a um desenho comum que torna a água uma componente decisiva de um novo modelo funcional.

Do excepcional acúmulo de conhecimentos poderia se consolidar, por volta de 1860, uma nova figura, que será definida sumariamente como *analista urbano*: assumindo características do topógrafo, do estatístico, do sociólogo e do historiador da cidade, ele pode compreender, em uma única visão, a complexidade do universo urbano. Do hidráulico poderia assumir uma concepção dinâmica e matematicamente quantificada, capaz de formular soluções idôneas para resolver os problemas ligados à circulação e ao funcionamento do sistema.

De um contexto aparentemente marginal – a Espanha de meados do século xix – provém a primeira tentativa de resolver os problemas da cidade com uma instalação integralmente científica.

Profeta de uma nova visão é Ildefonso Cerdà, que se exprime em termos que teriam parecido inconcebíveis na cidade do Antigo Regime. A sua, de fato, é a tomada de consciência de uma fase presente ligada à quantidade, às necessidades, às tecnologias substancialmente diferentes das do passado.

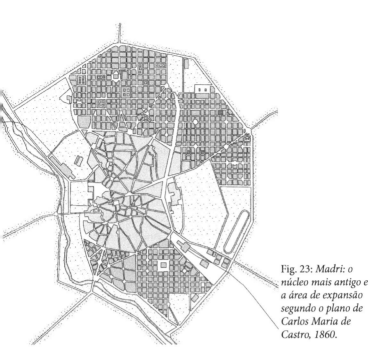

Fig. 23: *Madri: o núcleo mais antigo e a área de expansão segundo o plano de Carlos Maria de Castro, 1860.*

Portanto, para ele é prioritário recuperar o controle analítico de uma série de questões urbanas, desde a habitação ao sistema viário, dos impostos do solo à equilibrada relação entre as partes. O desenvolvimento das técnicas de análise e de levantamento deixa perceber as origens de muitos males, principalmente aqueles mais recentes, que caracterizam a época de crescimento.

Além da pesquisa quantificada se delineia também a diagnose pensada, em uma relação de consequências que Cerdà codifica com maneiras análogas aos protocolos científicos da medicina. Porém, às vésperas de uma tumultuosa expansão, ele não se limita a esboçar uma figura de superanalista para sua cidade; em sua compreensão, se torna necessário uma espécie de poliespecialista, o urbanista, capaz de predispor soluções adequadas ao caso.

Podemos, portanto, afirmar que a nova figura imaginada por Cerdà representa a resposta racional aos grandes males da cidade do século xix? Uma resposta a um excesso de população e à desordem, à difusão de patologias contagiosas no plano clínico e social?

Diz-se frequentemente que foram as grandes epidemias do século XIX que deram as bases para o urbanista. Na realidade, as vicissitudes de todas as maiores cidades sempre foram marcadas por catástrofes sanitárias (do contágio da peste ao mais recente flagelo do cólera).

O que muda, na segunda metade do século XIX, é o modo de olhar o problema, depois que o extraordinário desenvolvimento das ciências evidenciou a não casualidade das patologias ambientais. A epidemia não é mais considerada um castigo divino: mais do que com remédios de tipo excepcional (cordões sanitários, quarentenas), é enfrentada com remédios estruturais, como instalações de defluxo, habitações salubres e espaços verdes.

Essas conclusões foram possíveis devido ao desenvolvimento simultâneo de diversos instrumentos de pesquisa e de representação: a topografia médico-estatística contribuiu de maneira determinante.

Principalmente após as descobertas de Pasteur e de Koch sobre a origem bactérica do mal, a opinião pública compreendeu a conexão de causa e efeito que existem entre as condições ambientais e o desenvolvimento da doença.

Conseguindo mudar o quadro que faz fundo às patologias, o mal é cortado pela raiz. É nessa visão positiva que se instaura a ideia de se iniciar uma "ciência pela cidade".

LEVANTAMENTO DE VENEZA

A planta geral de Veneza, feita pelos irmãos Combatti e publicada em 1847, marca o momento conclusivo de um esforço múltiplo de representação analítica, fornecendo um perfil de referência das pranchas setoriais das quais se compõe o registro de imóveis *particellare*. Os papéis serão encabeçados pela organização anagráfica de dados estatísticos e de levantamentos sanitários. Nos vinte anos precedentes, um esforço analítico excepcional tinha produzido o *Atlante statistico delle provincie venete* (Atlas Estatístico das Províncias Vênetas) (1827), com suas 86 pranchas sinóticas e um encorpado registro de estatísticas territoriais, *La Topografia fisico-matematica della città di Venezia* (A Topografia Físico-Matemática da Cidade de Veneza) (1830), dedicada à salubridade da água e à difusão das doenças. A obra mais importante, *La descrizione topografica di Venezia e delle adiacenti lagune* (A Descrição Topográfica de Veneza e das Lagunas Adjacentes) (1844), foi publicada em dois volumes: sua descrição de patologias, em relação aos lugares de maior difusão, é apresentada em 1848 na convenção nacional dos cientistas. As condições de excepcionalidade da cidade lagunar provavelmente determinam a origem de uma tradição de estudos que culminou com a planta dos irmãos Combatti.

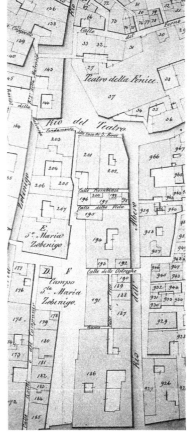

[*Detalhe da figura 19*].

Arquivo 85

CORFU, DE PRAÇA FORTIFICADA MILITAR A CAPITAL

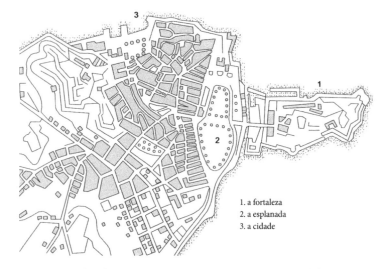

1. a fortaleza
2. a esplanada
3. a cidade

Potente fortificação veneziana, Corfu, em 1814, se torna a capital do Eptaneso[1] britânico. Com o processo de desmilitarização, áreas já submetidas à servidão se convertem para fins civis: a *spianata* se torna *Esplanade*, ou seja, um parque destinado a passeio e jogo de *cricket*. Edificações de defesa, como baluartes, fortes e lazaretos são transformados em equipamentos coletivos (cárceres, escolas, hospitais etc.). Mesmo a construção de novos edifícios (a universidade iônica, o mercado coberto etc.) é guiada e desenhada por engenheiros militares ingleses (Royal Engineers).

Todas realizadas entre 1820 e 1860, as intervenções oferecem incentivos à expansão edilícia, nas áreas *extra moenia* e constituem os pontos de referência da nova cidade, que será definida após se anexar à Grécia (1864).

Fig. 24: *Corfu: planta da cidade, por volta de 1880.*

1. Ilhas Iônicas.

ODESSA, CIDADE DE IMPLANTAÇÃO MILITAR

A cidade foi fundada em 1794, baseada no desenho dos corpos militares. Em baixo estão o porto e o longo litoral arenoso, em cima há a parte residencial, traçada segundo um rígido sistema de grelhas intervaladas por espaços vazios, para realização de edifícios destinados ao culto. Os habitantes crescem de oito mil a cinquenta mil entre 1808 e 1830; graças também à ligação da rede ferroviária (1863-1865), a população cresce para 410 mil em 1897. No porto, entretanto, o tráfico comercial sextuplicou no período de trinta anos.

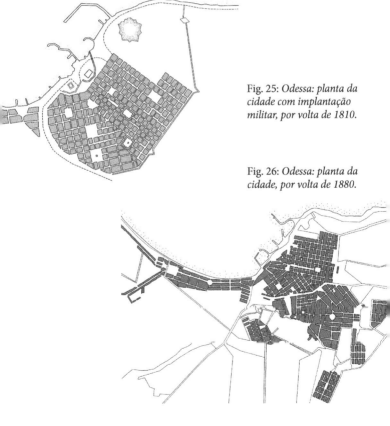

Fig. 25: *Odessa: planta da cidade com implantação militar, por volta de 1810.*

Fig. 26: *Odessa: planta da cidade, por volta de 1880.*

BARCELONA E CERDÀ

Barcelona é a cidade mais ativa de um país que ainda não é industrializado: sua população passará de duzentas a quinhentas mil pessoas entre 1860 e o século XX. Devido a problemas locais, o engenheiro Ildefonso Cerdà (1815-1876) fica em condições de desenvolver uma teoria universal, a *Teoria general de l'Urbanización* (Teoria Geral de Urbanização), publicada, em 1867, sob forma de tratado.

Fig. 27: *Barcelona: uma porção do* ensanche *no Plano Parcelario de 1900* [EPB].

O pretexto usado foi a demolição das muralhas em 1854 e a necessidade de aliviar o congestionamento que sobrecarregava o centro urbano.

Frente à perspectiva de uma expansão ilimitada, Cerdà desenha um plano de expansão (*ensanche* em espanhol) cientificamente adequado a alguns dados estatísticos, como, por exemplo, o grau de excesso de população, as taxas de desenvolvimento demográfico e econômico.

Para traduzir o conceito em prática, ele projeta uma malha ortogonal baseada na *manzana*, quarteirão-tipo de medidas e de características constantes (cada um desses quatro lados é de 113 metros). O que define esse módulo repetível são as relações otimizadas que Cerdà estabelece entre o número de habitantes e a superfície total, entre área coberta e a descoberta, entre população e serviços coletivos (áreas verdes, escolas, hospitais).

Cada uma dessas relações é expressa em uma analogia matemática que, uma vez codificada, toma o nome de *standard* urbanístico.

3. LINHAS, REDES E FLUXOS

Novas Linhas de Interligação

Muitas artérias são realizadas de modo inteiramente novo no decorrer do século XIX, tanto nas capitais como nas cidades médias e grandes. Em decorrência das grandes obras de embelezamento, a abertura de novos eixos tinha também caracterizado, por outro lado, os programas do *Ancien Régime*; agora, porém, as grandes tendências de comunicação são criadas com a finalidade de fornecer um serviço e, ao mesmo tempo, imprimir dinamismo à complexidade urbana.

As justificativas são análogas àquelas que serviram para desdobrar a ferrovia no território. pôr em comunicação dois pontos da maneira mais rápida possível foi somente o primeiro passo de um plano ambicioso que pretende acelerar as trocas e os transportes nos próprios centros

91

urbanos. No campo, pouco desenvolvido, assim como nas cidades do passado, ocorre, portanto, "cortar" a velha malha (*percer*, em francês) com os mesmos critérios do cirurgião que lacera os tecidos para melhorar a fisiologia de um organismo.

Devido a justificativas ideológicas importantes, em quase todas as cidades é realizada uma diretriz de atravessamento fundamental, a qual pode coincidir com um eixo preexistente (talvez um *cardo*[1] ou o *decumanus maximus*[2] de origem romana) ou então torna-se necessário a criação de um novo eixo viário. Em um caso, trata-se de ampliar ou retificar; no outro, de traçar uma *rettifilo*[3] diferente da trama preexistente. Nas cidades da Europa continental, mesmo naquelas com uma modesta taxa de representatividade, a nova artéria afeta, ao máximo, velhos e novos pontos de referência da vida civil (a igreja, o palácio do príncipe, a municipalidade, o teatro ou o museu). Em volta dessa "linha de força" estarão concentrados investimentos e projetos que atrairão, por sua vez, novas funções ligadas ao terciário, ao comércio e às residências de prestígio.

Mesmo graças aos novos alinhamentos e à decoração das novas fachadas, o *boulevard*, a *rettifilo*, a *gran via* ou a *Hauptstrasse*, tornam-se lugares onde se consolida o *glamour* urbano: na Itália, a *galeria* anexa procura manter o sentido de centralidade além do valor comercial.

Muitos daqueles eixos, cuja finalidade era de comemorar e criar perspectivas, começam a ser interpretados como fatores de mobilidade. Exemplar é o caso de Paris, onde, a partir de 1853, todos os segmentos viários criados na época do despotismo foram inseridos no grande desenho haussmaniano. Ao longo da linha dos *grands boulevards*, a intervenção supera todos os pontos cardeais criados no passado: as portas do século XVIII, a Madeleine, as praças de la Concorde e de la Bastille. Aberto nas décadas precedentes, o

1. Em latim, via que corre, em linha de máxima, no sentido norte-sul.
2. Via que corre, em linha de máxima, no sentido leste-oeste.
3. Em italiano, significa "estrada retilínea".

boulevard des Capucins determinará o andamento das intervenções sucessivas.

A *via triunphalis* é aquela que, mais do que as outras, encarna o senso de continuidade, ladeando a margem esquerda, paralelamente ao Sena e terminando nos Champs Élysées. Roma e Madri, capitais com instalações cenográficas, também realizam coisas similares, apesar de serem em escala menos grandiosa: um cruzamento viário, enfaticamente marcado, no ponto de intersecção, pela presença de monumentos, rotatórias, arcos do triunfo etc. Com Paris, elas demonstram como "o urbanismo do despotismo" pode ser atualizado e incorporado em uma estratégia de grandes fluxos.

Em todas as maiores cidades da Europa, especialmente após a metade do século, consolida-se um centro direcional que, em muitos casos, coincide com lugares historicamente consagrados para funções coletivas e para o governo urbano: o mercado nas cidades da Hansa ou da Alemanha meridional, a Praça da Prefeitura na Itália centro-setentrional e na área do Reno, o Groote Markt (Grande Praça do Mercado) em Flandres.

Em outras situações são criados novos polos como, por exemplo, nas cidades industriais da Grã-Bretanha: a nova catedral, a nova municipalidade ou a nova bolsa frequentemente são colocados em posição descentrada em relação ao centro direcional. Deverão ser adequadamente interligados a esse último.

Após 1840 é acrescentado outro polo de atrações: a estação ferroviária, com seu contorno de espaços e ruas que enquadram a fachada. O trem entra com prepotência na cidade, ele não é mais somente parte de um segmento, mas de um retículo complexo, introduzindo um novo sistema de relações e abrindo o caminho para futuras redes. A ferrovia provoca imediatamente, com seus volumosos equipamentos, e em todos os lugares, problemáticas análogas, relativas à localização e à interligação com um sistema de mobilidade mais amplo.

Nas cidades do século XIX, a malha dos traçados principais nasce, portanto, da necessidade de interligar velhos e novos polos e de conectá-los, por sua vez, ao terminal ferroviário. A prioridade é dada ao problema de interligar diretamente a nova estação com o baricentro urbano, segundo uma diretriz frequentemente correspondente à "linha de força" já mencionada; mesmo nesse caso, trata-se de abrir uma nova artéria ou de valorizar um eixo preexistente.

Em Paris, a haussmanização representa, em certo sentido, a continuação e complementação do retículo ferroviário, a partir dos seis pontos de acumulação (*terminus*) e da necessidade de interligá-los entre si além da ligação com o centro urbano. "O que seria dessas massas de viajantes, ao chegar em uma cidade que não tivesse essas estradas para acolhê-los?", comenta o próprio Napoleão III com seu prefeito.

Em Londres, a resposta ao mesmo problema é bem mais pragmática: as estações são colocadas em artérias já existentes, como Euston road, em muitos casos reproduzindo o nome também: Liverpool street, Charing Cross road etc.

Outros fatores geram novas linhas de comunicação, entre elas os eixos provenientes de fora, aqueles com origem nas pontes dos centros fluviais, os de matriz radial e anular nas cidades onde as diretrizes fundamentais da circulação permanecem ligadas à sua forma concêntrica. Projetadas além dos limites do tradicional perímetro urbano, as novas artérias radiais assumem uma função de alavanca também nas áreas de expansão, onde predefinem o desenho da nova malha.

Se, em uma planta urbana das primeiras décadas do século XIX, transferirmos os pontos de maior interesse e depois os interligarmos, poderemos individuar as linhas da transformação e ampliação futura: assim, por exemplo, uma boa parte da rede realizada mais tarde por Haussmann parece predeterminada.

Nas cidades britânicas, ao contrário, as diretrizes coincidem, em sua maioria, com as estradas preexistentes, provocando, somente em alguns casos, alargamentos e retificações. Em todos os lugares essas novas diretrizes dão início a um conjunto dotado de uma lógica e desenho próprios, como se se tratasse de um sistema de artérias que se sobrepõe à malha menor da circulação.

A hierarquização entre rede principal e rede secundária, ao fazer parte da percepção coletiva, é imediatamente esquematizada nas plantas de bolso e nos "mapas para turistas": coloridos, com contornos engrossados, ampliados em seu calibre, os braços do sistema viário do retículo maior devem ser colhidos pelo observador de maneira imediata e unitária.

A Regularização das Águas Urbanas

A abertura de novos eixos viários é o elemento visível de um processo que, na realidade, investe outros aspectos e, em primeiro lugar, o sistema de fluxos hídricos; trata-se de projetos para a nova rede de gás e de água potável, de novas linhas de tráfego e transporte coletivo, de novos sistemas para direcionar os recursos hídricos e fazer defluir os resíduos orgânicos para um retículo subterrâneo (o esgoto).

As redes correspondem a um tipo de projeto em escala urbana que, após 1850, primeiro afeta as duas metrópoles, depois as grandes cidades e, por fim, os centros médios e pequenos; em todo lugar, a opinião pública ficará agradecida pela realização das redes subterrâneas e de superfície, aceitando investir recursos colossais.

Ao significado de haussmanização podemos, portanto, atribuir um caráter global que relaciona uma ampla gama de problemas, a partir do subsolo: aqui se formam outros *réseaux*, tão invisíveis quanto necessários para o funcionamento da nova cidade.

Em relação aos outros sistemas de rede, as águas merecem um tratado a parte, porque ligadas a saberes e tradições multisseculares. Mesmo por isso, em matéria de instalação hídrica, o século XIX se apresenta, nas cidades,

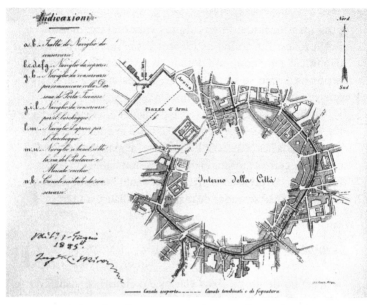

Fig. 28: *Milão: plano de reorganização das águas do Naviglio urbano, 1885* [Milão, Civica Raccolta delle Stampe Achille Bertarelli].

de maneira ambígua, porque em alguns casos representa a fase de complementação de um desenho da era medieval e, em outros casos, aprova uma clara inversão de rota, reduzindo, ou até mesmo eliminando, a presença da água do complexo urbano.

Nas cidades da Padania[4], flamengas e holandesas, inseridas em um quadro de águas artificiais, a passagem para a era contemporânea marca uma brusca redução das superfícies aquáticas devido a amplos programas de aterramento, cobertura e canalização subterrânea. Com a paisagem, muda também o papel tradicionalmente praticado pelo curso de água, de ligação entre a cidade e seu interior natural, principalmente no que se refere ao fornecimento de alguns "materiais pobres", destinados principalmente à construção civil e à alimentação.

4. Em italiano, corresponde geograficamente às regiões da Val Padania, no norte da Itália.

Existem cidades, como Modena, em que a água desaparece completamente da paisagem; em outras, como Bruges, em que persiste de maneira anacrônica, ligada à pura valorização de uma imagem do passado.

O século XIX é o século das grandes obras de canalização, dentro e fora dos centros habitados: se esse processo por um lado conclui um complicado plano de defesa das cheias, de racionalização das vias aquáticas e dos portos, por outro lado rompe uma relação de continuidade funcional e topográfica entre a cidade e o elemento aquático.

Em Paris, assim como em Roma, em Magonza, assim como em Verona, a construção dos "paredões" nas laterais do leito do rio transforma a relação com o rio, interrompendo uma série de ligações funcionais e visuais. Parte de um plano de organização geral, que frequentemente supera os limites da cidade, a obra de canalização representa o aspecto fluvial do projeto de haussmanização. Não por acaso, o ano de 1850 é um ano chave, porque é nesse período que são iniciadas as grandes obras de regularização e retificação das margens ao longo do Sena e do Tamisa. Com a locução de *quai* ou *embankment* (*lungofiume,* em italiano)[5] se confrontam operações que aludem a estratégias similares e implicam em outros objetivos, além de defenderem-se das cheias; uma vez realizado, o *paredão* permite, de fato, a criação de passeios e ruas de escoamento veloz para carroças, dentro de um novo sistema viário cujas novas pontes e novas margens são parte integrante.

Em consequência ao aumento da taxa de imposto, seguiram-se projetos e processos que substituem gradualmente um paredão de construções que correspondia a um *skyline* e a uma série de portos fluviais, ambos suprimidos pela nova organização. Dessa maneira, ao longo do tempo, cessam atividades e figuras econômicas consolidadas em relação direta com a água: além de timoneiros, remadores,

---

5. Significa "ao longo das margens".

transportadores, também desaparecem os adeptos do setor de moinhos têxtil e couro.

Com reflexos na organização dos escritórios técnicos, a ligação entre problemas hidráulicos e edilícios caracterizará a intervenção pública em algumas grandes capitais (Paris, Londres, Berlim, Viena) e em outras cidades fluviais (na Itália: Roma, Turim, Florença, Pisa, Parma e Verona); todos esses centros serão objetos de um plano de transformação das margens, que serão implementados após 1870. Em todos esses casos, consertar as margens com novos muros de arrimo em alvenaria é uma operação coordenada com outras, como, por exemplo, potenciar o aqueduto tanto em sua extensão como capacidade, ou realizar esgotos alimentando-os com aportes hídricos contínuos.

Hegemonia das Águas

Regularizar as águas na cidade permite, portanto, alcançar múltiplos objetivos através de um programa coordenado de obras públicas, o fornecimento de um serviço difuso e, finalmente, um meio para delimitar recursos, áreas, jurisdições.

Em particular, a noção de *bacia* serve para circunscrever setores homogêneos ligados, em sua extensão, às quantidades e às potencialidades de uma área muitas vezes traçada a partir do nada, ou seja, a expressão *what can be supplied* indica tudo aquilo que pode ser fornecido em termos de recursos. Ao definir a relação entre número de habitantes e metros cúbicos, a água se torna, portanto, uma maneira para quantificar o conceito de equilíbrio, para exprimir uma relação otimizada entre o número de utilizadores e a quantidade de recursos à disposição.

Em particular, o princípio da "correspondência perfeita" fornecerá um esquema lógico para outros setores também, os quais, no decorrer do século XX, vão interferir no complexo urbano: entre eles, o tráfego de veículos e o transporte público, a distribuição e o consumo das mercadorias. Mesmo a fórmula do *equilíbrio* provém da categoria da hidráulica, que a desenvolveu em termos científicos e técnicos já durante a Idade Moderna.

Após uma hegemonia conceitual, termos daquela linguagem técnica começam a fazer parte da linguagem comum: principalmente a expressão rede que, com seu forte sentido dinâmico, evoca a realização de verdadeiros e próprios conjuntos, onde cada segmento é parte de um todo.

O conceito encontra aplicação excepcional na execução de um sistema ferroviário articulado. A presença simultânea de técnicos nos dois setores e no entrelaçamento de termos em comum (assim como *linha, fluxo, anel, ramo, derivação*) aumenta o grau de permeabilidade entre um e outro; contemporaneamente, essa promiscuidade condiciona o nascimento de outros serviços em rede onde, não por acaso, reencontramos hidráulicos e engenheiros ferroviários nas vestes de projetista.

Do mundo da ferrovia serão utilizados *know-how* financeiros, técnico-administrativos e perfis societários: a nova dimensão imposta pelo trem impõe, depois, um modo de raciocinar não mais em termos de um único segmento, mas de um sistema interdependente. E isso vale também para a cidade, onde a distribuição de água, gás e meios de transporte público encontrará sua dimensão otimizada.

A hidráulica, portanto, adquire um papel de alavanca, como já foi dito, na representação da cidade e de seu sistema circulatório; simboliza também seu funcionamento geral, baseado em fluxos contínuos e coordenados. No final fornece um esquema técnico-administrativo escorado por uma leva de especialistas provenientes do setor das águas.

A utilização e regulamentação dos recursos hídricos sempre foi prerrogativa do setor público: baseado nesse dado indiscutível é que foram se estratificando conhecimentos técnicos e procedimentos no controle. Ora, através de conceitos como aquele de rede, esses últimos tendem a estender-se a outros sistemas baseados no princípio da interdependência.

Após 1880 emerge o conceito de "serviço de rede", para definir o caráter coordenado e contínuo na distribuição de alguns fluidos para a cidade: além da água, o gás, os transportes e a energia elétrica. O termo é novo também e, apesar de representar uma variante do "sistema de rede", faz parte da referência a um único ator capaz de organizar o todo de maneira racional e uniforme. A expressão, portanto, chama em causa, de maneira implícita, a intervenção da prefeitura, que no início parecia excluída.

Como é notório, as sociedades inglesas foram as primeiras a realizar um sistema de rede, que operaram com evidentes fins lucrativos, frequentemente impondo a si próprias o ônus total da obra: desde o projeto ao financiamento das obras, da realização à gestão do serviço. Na França do Segundo Império será o próprio Estado, enquanto que na Alemanha e na Itália pós-unificação substituirão os municípios, depois de um primeiro período dominado pelas sociedades estrangeiras.

No fim do século, quando os sistemas de rede poderão ser considerados concluídos, se afirmará o modelo municipalista, antes na Inglaterra, que já em tempo devido difundiu um tipo de intervenção centrado nas companhias particulares. O modelo laborista, o denominado *gas and water socialism*, chamará a atenção pública internacional: quem falará de *Munizipalsozialismus*, como na Alemanha, ou de *municipalizzazione* dos serviços, como na Itália, olhará bem mais para Londres e para Birmingham do que aos critérios supercentralizadores de Paris.

Gás e Outros Serviços em Rede

O primeiro serviço a penetrar nas entranhas da cidade foi o gás destinado a iluminar. Destilado do carvão, o *gás para iluminação* foi usado, pela primeira vez, em Londres, para

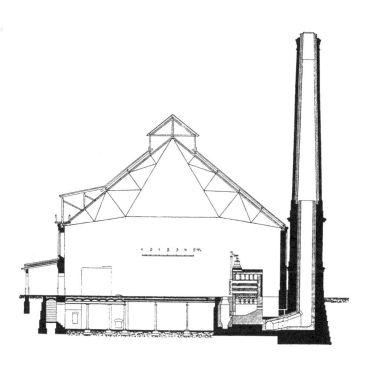

Fig. 29: *Berlim: instalações para a produção do gás para iluminação. Corte do forno de gaseificação e planta do estabelecimento, 1890* [NBB].

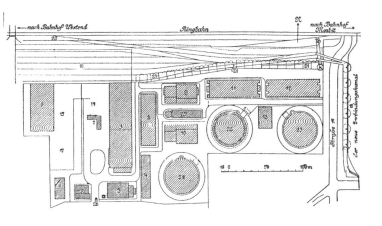

alimentar os lampiões das ruas (1818), e em Paris, um ano depois, para clarear os pórticos do Palais Royal. Na Itália aparece aproximadamente vinte anos depois, no início circunscrito a Turim, Veneza e Milão; isso demonstra uma superioridade britânica que perdurará por todo o século XIX.

O gás funciona como um verdadeiro sistema industrial: requer uma usina para a produção, um reservatório, uma estação de bombeamento e uma rede de distribuição. Produzi-lo é caro, além de complicado, principalmente nos países que não dispõem de jazidas de carvão.

Devido aos seus altos custos, seu uso permanece por muito tempo limitado a situações de excelência, como a iluminação da praça central "como se fosse de dia", ao longo da praia ou do passeio elegante onde jorra uma fonte alimentada pelo aqueduto.

Após a primeira realização isolada com objetivo promocional, transcorrerá muito tempo antes que seja construída uma rede de distribuição capilar; a partir dos anos de 1820 e 1830 até as décadas compreendidas entre 1850 e 1875, quando as maiores cidades da Europa são objeto de um programa para a realização de uma rede de gás para iluminação capilar.

A exclusão é devido à capacidade financeira, administrativa e empresarial que aumenta depois da reviravolta de meados do século XIX; desta vez, o projeto tecnológico não tem nada a ver, porque nesse campo, inovações e aplicações, como, por exemplo, as "sublimações do carvão", são da segunda metade do século XVIII. Mais tarde, o mesmo pode ser dito em relação ao conhecimento no setor da hidráulica, onde há muito tempo as leis que governam a dinâmica dos fluidos são conhecidas; concebida para acelerar a velocidade de escoamento, a seção de um conduto de esgoto pode já ser considerada definida bem antes da época das grandes obras, mas ainda por muito tempo são construídos apenas breves trechos, destinados ao insucesso. O que, então, impede sua realização em grande escala?

A questão das águas urbanas se coloca principalmente sob um aspecto jurídico e administrativo que se revela fundamental para incluir algumas inovações excluídas da cidade do século XIX; a intervenção unificadora de um só operador chega então a dissolver uma complicada rede de usos, direitos de posse, vínculos e concessões, acumulados ao longo da Idade Moderna.

Em Paris, o sistema de esgoto "de escoamento" é aperfeiçoado pelos técnicos de Haussmann e se torna realizável somente a partir do momento em que deságua em um rio, o Ourcq, com a finalidade de se tornar de utilidade pública: uma decisão inconcebível na cidade do Antigo Regime.

Problemas de natureza administrativa, ligados à gestão de obras públicas e ao seu financiamento, se sobrepõem a novos conceitos, como aquele da rede. Além disso, após 1860 são criadas as condições para que uma cota consistente dos balancetes públicos seja utilizada na realização de sistemas de rede, seja na forma direta, seja sob forma de concessão a uma companhia particular. No mesmo período se acumularam conhecimentos técnico-administrativos em relação a licitações e contratos, abriram-se caminhos para obter financiamentos em tempos rápidos com taxas razoáveis. Em tudo isso, repetimos mais uma vez, a construção de um sistema de interligações ferroviárias tem adquirido papel de alavanca.

Mesmo no que se refere ao gás, somente a partir de 1860 é consolidada a ideia de uma rede e de um sistema de iluminação pública contínuo, e bem mais tarde, em pleno século XX, irá se pensar na distribuição capilar para uso doméstico.

Apesar do fato de que essa vasta distribuição do gás absorva uma quota consistente do balancete, o consenso, porém, é geral e atenua as já fracas resistências dos opositores.

Bem similar é, cinquenta ou sessenta anos depois, a questão da eletricidade. Em seus exórdios, nos anos de 1880 foi utilizada para clarear lugares particularmente significativos, como, por exemplo, a Exposição Universal

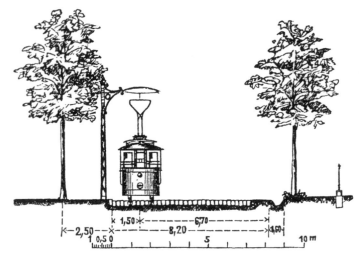

Fig. 30: *Perfil de ruas predisposto para o* tramway (*bonde*) *elétrico 1900*
[DBZ].

de Paris, a Galeria Vittorio Emanuele de Milão, a ponte Elizabeth em Budapeste. A transição a um sistema difuso será, porém, rápida na passagem do século, quando óleos minerais e recursos hídricos permitirão a produção de energia elétrica a custos reduzidos.

Mesmo no campo do transporte público, o advento da tração elétrica está associado a grandes eventos e serve para canalizar racionalmente grandes fluxos de visitantes para o lugar da manifestação. Em Budapeste e em Paris, as duas cidades que disputam o primado, o primeiro trecho da "ferrovia metropolitana subterrânea" foi inaugurado respectivamente em 1895 e em 1900, por ocasião da Exposição universal.

Muitas linhas antes realizadas em vias experimentais foram abertas mais tarde ao público, e o bonde elétrico substitui o ônibus puxado a cavalo, interligando de maneira permanente velhos e novos nós urbanos. Já na primeira década do século XX as mais importantes cidades da Europa e da América realizam uma rede de transportes à tração elétrica e complementam um sistema de iluminação alimentado da mesma maneira; desde então a oferta de transporte público gera deslocamentos de massa e grandes fluxos pendulares nas áreas metropolitanas nascidas em torno dos centros maiores.

O Esgoto

Um segundo nível de obras está relacionado com o subsolo e a rede de esgoto. Em Paris existia um retículo de canais cobertos realizados em precedência, com o escopo de recolher as águas do solo. Agora ele é inserido em um verdadeiro e próprio sistema unitário, onde a água e os líquidos pútridos podem escorrer a uma velocidade aceitável.

São predispostos coletores com seção e pendência adequadas para permitir um rápido defluxo de águas negras. Nas colinas, águas fluviais deságuam com o objetivo de diluir os dejetos humanos canalizados diretamente das moradias e para acelerar o processo.

A insuficiência de desníveis torna às vezes impraticável a hipótese de um único sistema; nesses casos o esgoto será subdividido em diversos setores, como em Berlim, mas, a rede de tubulações funcionará unitariamente dentro de cada repartição.

Assim, em ambas as circunstâncias se forma, abaixo do nível da rua, uma densa trama de interligações que, pela grandeza e capilaridade, pode competir com a rede da superfície do solo. Nas vísceras dos grandes centros nasce uma cidade subterrânea na qual, junto com os detritos orgânicos, escorrem enormes massas de água: um novo averno que alimenta novos romances policiais e de aventura como aquele de Fantomas, "o filho de Paris", que utiliza os labirintos do subsolo para desempenhar seus golpes surpreendentes.

Em relação a outros sistemas dinâmicos, a realização do esgoto não tem nada de espetacular no momento de sua estreia urbana, mas, desde o início, ele deve ser concebido de maneira unitária. Para funcionar e alcançar uma adequada velocidade de *escorrimento*, todos os segmentos (pendências, junções, seções de condutores) devem interagir entre si como partes de um único sistema.

Problemas e objetivos se sobrepõem como, por exemplo, direcionar a água pluvial e, contemporaneamente, eliminar as matérias orgânicas decompostas e, também nesse campo, depois de décadas de experimentos, é a Paris de Haussmann quem oferece um modelo. A abundância de água permite superar dificuldades que seriam insolúveis somente com o sistema dos "diferenciais altimétricos".

Sempre graças ao exemplo parisiense, a rede de esgoto entra na cidade com força, reivindicando um papel hegemônico que vai além de seus papéis institucionais. Especialmente após 1880, quando uma série de descobertas científicas estabelece uma relação direta entre a epidemia e as condições ambientais: após ter isolado o vibrião do cólera e ter isolado a causa de difusão na eliminação das fezes, os cientistas deixam o campo aos engenheiros sanitários e a seus projetos de condutores sanitários.

O papel de fazer defluir rápida e racionalmente as águas lúridas, adquire, dessa maneira, um valor de defesa em relação aos seus aspectos meramente técnicos: a solução do problema se torna *conditio sine qua non*[6] para garantir um ambiente salubre, onde o morbo não possa mais atacar e se propagar.

Com uma opinião pública alerta pelos progressos da medicina, os programas de "saneamento" capilar não encontram mais obstáculos para sua realização: apesar dos custos exorbitantes, apesar da complexidade técnica e administrativa, são iniciadas as obras de grandes esquemas de rede no subsolo da cidade. Ainda nos anos de 1880, o projeto higienista consegue estabelecer seu programa penetrando também no espaço doméstico: o *water-closet* constituirá a propagação extrema desse sistema de fluxos e defluxos muito articulado.

---

6. Expressão em latim que significa "condição sem a qual não pode ser".

O neologismo "engenharia sanitária" está a indicar, a partir dos anos de 1880, a função de alavanca desenvolvida pela rede de esgoto em relação às outras obras públicas, como a abertura de novas ruas amplas, a demolição de edifícios insalubres e sua substituição por habitações higiênicas. Nessa perspectiva, a realização de um sistema de esgoto ocupa aquele papel central que duas ou três décadas antes a estrada férrea tinha tido em relação ao território.

Na passagem do século, a tríade gás, aqueduto e esgoto pode considerar-se concluída. As descobertas da bacteriologia incentivaram a conclusão da rede de esgoto; por outro lado, a utilização da eletricidade provocou um sistema de iluminação pública e mobilidade baseada nos transportes coletivos.

Durante o século XIX, a cidade do "grande século das redes", graças também aos novos sistemas de rede, se torna não somente mais salubre, mas também mais visível e mais facilmente percorrível.

No início do século, a vida nas ruas se dissolvia com o entardecer, segundo um ciclo inexoravelmente regulado pelo nascer e pôr-do-sol. No fim do século, o cenário mudou totalmente: a cidade agora é visível também nas horas noturnas, graças à iluminação pública que se estendeu capilarmente.

No fim do século XVIII, somente poucas ruas tinham calçamento de pedra e as pessoas tinham que se conformar em sujar as botas de lama ou pó. No final do século XIX, quase todas as ruas eram pavimentadas, graças também aos revestimentos mais econômicos com pórfido ou com placas de pedra.

O desenvolvimento dos meios de locomoção tornou o transporte coletivo acessível a uma ampla faixa da população. A possibilidade de atravessar a cidade em toda sua extensão, a cem anos de distância, parece estar ao alcance de todos; mesmo em relação à metrópole, já então reconhecida como um espaço percorrível.

107

O "GRANDE TRAÇADO VIÁRIO EM CRUZ" DE PARIS, ROMA E MADRI

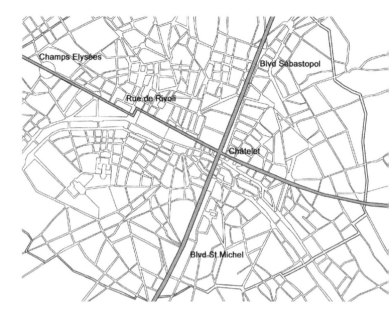

No século XVII, com a criação da praça de la Concorde e com a ampliação do Louvre, se delineia a sequência rua de Rivoli-Faubourg Saint-Antoine, eixo mediador de um plano de transformações radicais que serão feitas no decorrer do Segundo Império. Realizado com Napoleão I, o primeiro trecho representa o braço horizontal do "grande traçado viário em cruz", realizado por Haussmann e centrado na área do Châtelet. No entanto, o segundo será formado pelo antigo *cardo* da cidade romana (o *boulevard* Saint-Michel) e pela nova artéria consagrada na guerra da Crimeia (o *boulevard* Sébastopol).

Em Roma, a via del Corso representa o braço vertical do grande cruzamento, no qual convergirá um programa mais do que centenário de

Fig. 31: *Paris: traçado viário em cruz realizado por Haussmann, em torno do ponto de referência do Hôtel de Ville/Châtelet.*

108   Arquivo

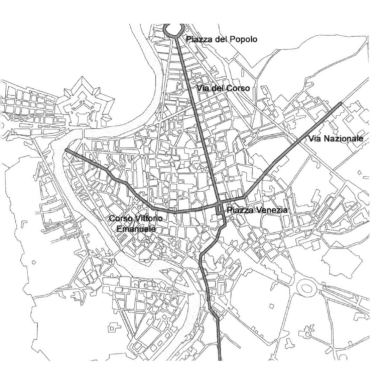

retificações, demolições e aberturas de novas ruas: o desenho é, de fato, traçado na Era Napoleônica mas foi completado somente em 1935, com a abertura da via dell'Impero.

Corso Vittorio Emanuele e via Nazionale, concluídos por volta de 1870, formam o braço horizontal do sistema, centrado na praça Venezia e mais tarde, na passagem entre o século XIX e XX, enfatizado com a colocação do monumento a Vittorio Emanuele.

Em Madri, alguns eixos preexistentes são englobados em um esquema mais amplo que é realizado somente após 1886. É então que a Gran Vía começa a ser cortada no coração da cidade: inserindo-se na preexistente *calle* de Alcalà, a nova artéria constitui o braço oriental de um grande traçado viário em cruz que então se delineia.

Fig. 32: *Roma: traçado viário em cruz realizado no decorrer do século XIX em torno do ponto de referência da praça Venezia.*

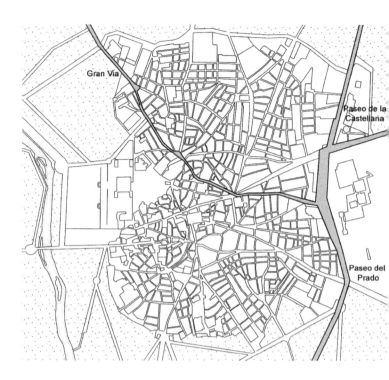

O braço longitudinal é formado pelo *paseo* del Prado, criado no século XVIII sobre os entulhos das muralhas demolidas: o ponto de intersecção é, depois, enfatizado pela presença da cenográfica fonte de las Cibeles.

Fig. 33: *Madri: traçado viário em cruz realizado entre o século XIX e XX, em volta do ponto de referência da praça Cibeles.*

MUNIQUE E O EIXO DE TRAVESSIA

Potenciada logo em seguida à unificação alemã, a estação de Karlstor reforça a interligação latitudinal que atravessa o centro tradicional, interliga os lugares mais significativos; o programa tende a valorizar a Alte Stadt medieval em contraposição com a Neue Stadt, criada pelos soberanos da Baviera, na primeira metade do século.

No entanto, entre 1871 e 1914, a população de Munique passa de 170 a 646 mil indivíduos. A nova diretriz se apoia em velhas ruas alargadas e retificadas, interligando a nova estação com a tradicional Marienplatz, a Praça da Prefeitura onde, desde 1867, está em obras a reconstrução do Rathaus, símbolo medieval da cidade contemporânea.

No oeste, a edificação da grande êxedra de Karlsplatz (*Rondell-Architektur*, realizada em 1890) representa o espetacular convite para adentrar nessa artéria renovada, epicentro das atividades comerciais e financeiras. Nesse caso, a "cidade funcional" não incorpora em seus planos de transformação aquela "cidade monumental" concebida, algumas décadas antes, pela megalomania dos soberanos locais.

Fig. 34: *Munique: eixo que atravessa o centro a partir da estação ferroviária.*

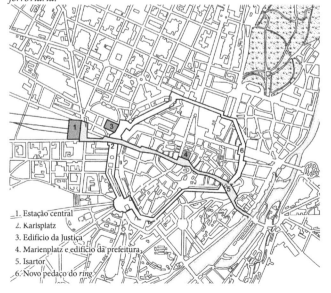

1. Estação central
2. Karlsplatz
3. Edifício da Justiça
4. Marienplatz e edifício da prefeitura
5. Isartor
6. Novo pedaço do ring

Arquivo 111

LONDRES E O TÂMISA

Criado em 1696, no mesmo nível do London Bridge, o sistema de diques marca o ponto além do qual o Tâmisa não resulta mais acessível aos navios. No século XIX, no maior processo generalizado de especialização por áreas, a barragem evidencia o contraste entre as duas Londres, cada uma definida por uma relação diferente com o rio e com as atividades a ele conexas: no vale tem a cidade das *docks* e *wharfs*, que remetem, através do nome, aos lugares mais díspares do planeta. É uma situação ininterrupta de ancoradouros, canteiros e depósitos, em volta dos quais funciona a atividade de agentes comerciais, asseguradores, descarregadores, marinheiros, intermediários: é um mundo que resistirá até a metade do século XX, refletindo o caráter de uma *world city* dominada pelo espírito do comércio.

Na colina do *barrage*, ao contrário, existe uma outra Londres, ligada a uma paisagem fluvial diferente. Aqui não existem atividades portuário-marítimas e a sequência de ancoradouros é substituída por uma série ininterrupta de frentes fechadas e por dois *embankment* realizados após 1850.

Longe de exercitar qualquer tipo de influência de natureza econômica, a presença do rio nessa parte da capital já está reduzida a um mero dado figurativo, perfeitamente perceptível nas límpidas e frias vistas de Canaletto[1]. Sob o ponto de vista funcional, o Tâmisa representa principalmente um obstáculo para a metrópole que está a porvir.

---

1. Canaletto (1697-1768): seu verdadeiro nome era Giovanni Antonio Canal e foi um artista famoso pelas suas paisagens urbanas de Veneza. Em 1746 mudou-se para Londres, onde se dedicou a pintar paisagens inglesas.

PARIS E OS FLUXOS HÍDRICOS

Sob a direção de Belgrand foi concluída a realização de um retículo subterrâneo gigantesco, que chega a ter uma extensão de 2100 quilômetros. Trata-se dos condutores do aqueduto e da rede de esgoto concebidos segundo a formula *à tout l'égout* (com seu caráter global, pode funcionar somente quando o sistema for concluído). Ambos se articulam em coletores principais e em ramos secundários de acordo com a capacidade hídrica, desenhando um diagrama dos fluxos urbanos eficaz, quase uma projeção subterrânea daquilo que acontece em cima, na rua; a realização de grandes galerias procede em concomitância com a abertura do *boulevard*, do qual representa o *pendant* subterrâneo.

Graças à contribuição do Ourq, do Sena e do Marna, a quantidade de água emitida aumentará quatro vezes entre 1852 e 1870, passando de 112 mil a 430 mil litros por dia.

Fig. 35: *Paris:* gabarit *edilício e rede hídrica em um corte dos imóveis e do subsolo, aproximadamente 1865* [MDH].

Arquivo 113

4. NOVOS EQUIPAMENTOS URBANOS

Capitais da Primeira Metade do Século XIX

Na Europa continental, durante a primeira metade do século, é intensificada a tendência dos séculos XVII e XVIII em conceber os maiores edifícios civis e religiosos como fulcros da reorganização na escala urbana. Tradicionalmente colocados nas partes centrais, esses invólucros de funções civis e culturais agora estão também localizados em áreas de expansão e, nesse caso, se tornam referência no desenho da nova cidade.

Ao lado de sujeitos consolidados historicamente, novas entidades emergem como catalisadores urbanos, substituindo, em parte, antigos marcos, como, por exemplo, os lugares de culto. Outros temas arquitetônicos se transformam e adquirem novas valências urbanas: entre esses o teatro, o museu, a biblioteca, a universidade, que já faziam parte do cenário na Idade Moderna.

115

No entanto, o peso dos edifícios religiosos diminui, perdendo, durante o século XIX, aquela posição de excelência mantida por muito tempo entre as entidades chamadas para definir o perfil de uma cidade.

O princípio das novas polaridades urbanas tem confirmação na longa lista de cidades-capital ligada à nova organização geopolítica que a Europa assume depois do congresso de Viena (1815); principalmente nas capitais de menor importância, lá onde se pretende atribuir, pela primeira vez, logo após o congresso, ou nas décadas imediatamente sucessivas, uma organização adequada à nova classe política. Emergem, entre as outras, três capitais de novos reinados: Atenas, Bruxelas e Munique.

Existe também a categoria das "capitais sem sucesso", onde as grandes organizações arquitetônicas frequentemente desenvolvem um papel vicário em relação às aspirações frustradas. Entre todas emerge o caso de Edimburgo:

Fig. 36: *Edimburgo: a* new town (*a parte nova*) *desenvolvida entre 1750 e 1850, segundo módulos regulares* [TPR]. *Na parte nova, a Galeria nacional e a Academia das ciências são realizadas na primeira parte do século XIX, assumindo o mesmo papel de edifícios-símbolos de uma autêntica cidade-capital, como a sede do Parlamento.*

transformadas em pedra, as instituições culturais compensam a perda de nível que segue ao Union Act de 1707.

Alguns casos urbanos se impõem sobre os outros: Atenas, Berlim e Munique, três "produtos" da cultura alemã de inspiração antiga. No primeiro caso, trata-se de realizar uma grande cidade a partir de praticamente nada nos outros, a questão é programar um processo de transformação e de adaptação em relação a cidades de aspecto modesto e de dimensões ainda mais modestas (Berlim tem duzentos mil habitantes, Munique possui um pouco mais de cem mil).

Naquela que está para se tornar a capital alemã, os reis prussianos pretendem acelerar um processo já iniciado no século anterior. São prolongados eixos já traçados; marcos monumentais já existentes são enriquecidos por grandes edifícios, dignos de uma grande capital. É nessa conjuntura que se posiciona a obra de Karl Schinkl nas primeiras três décadas do século XIX. De fato, como conselheiro para os problemas edilícios (*Stadtbaurat*), ele desenha os novos elementos que complementam os lugares urbanos já consolidados, como os museus, sedes de academias, monumentos de celebração como a Neue Wache.

A relação entre monumentos, focos urbanos e malha viária aparece em toda sua evidência na nova Atenas, desenhada logo após a independência grega: o rei Oto da Saxônia chama um grupo de projetistas alemães para dar uma nova veste arquitetônica a uma das capitais do mundo antigo.

Em Munique, a parte mais representativa está situada na faixa externa e girava em torno de praças monumentais onde se sobressaem edifícios de caráter comemorativo: os museus, a biblioteca nacional, a universidade. Aqui, Leo von Klenze e os outros profissionais, que se sucedem no papel de arquitetos do príncipe, não economizam citações gregas, romanas e renascentistas.

No plano das formas, em sua megalomania, a operação de Munique parece representar a apoteose do planejamento despótico, mas, na realidade, a quantidade e a qualidade dos

117

Fig. 37: *Copenhague: o núcleo mais antigo e a área de expansão de acordo com o plano de Conrad Seidelin, 1862.*

edifícios principais ligados a funções de caráter coletivo nos propõem uma imagem de uma cidade onde os burgueses visitam os museus e seus filhos são admitidos na universidade.

Analogamente, projetos de grande escala em São Petersburgo, iniciados no período anterior, são concluídos; ou então, em outras circunstâncias, são ativados esquemas edilícios com formas que parecem ser indistinguíveis do que já foi realizado precedentemente.

Consideremos os planos de Rossi para a área do teatro Alexander, de Strassov para as escuderias imperiais, de von Klenze para o novo Hermitage, todos realizados entre 1820 e 1850. Eles propõem novamente, com certa distância de tempo, temas e soluções arquitetônicas, modelos espaciais e plantas e volumes já amplamente experimentados nos grandes programas promovidos por Pedro o Grande ou por Catarina II: longas vistas em perspectiva que enquadram os edifícios mais relevantes, nós monumentais que lembram as diretrizes principais.

Em muitos casos, a obra dos arquitetos imperiais da primeira parte do século XIX parece indistinguível da dos seus predecessores. Se, em linhas gerais, olharmos para os projetos de renovação/expansão da primeira metade do século XIX, podemos falar de "século XVII longo" de maneira bem justificada.

Também nos inúmeros exemplos de "Atenas do norte", uma série de perspectivas cenográficas enquadra os grandes edifícios neoclássicos e desenha uma malha da grande capital, mesmo que em dimensões reduzidas. Fazem parte desse tipo de tipologia Christiana (Oslo), Copenhague e Helsinque, além de Edimburgo: aqui, são colocados, em uma malha geométrica, grandes edifícios neoclássicos pensados para conter as novas instituições políticas e museológicas.

Análoga nas premissas, mas diferente nos resultados, é a Itália da Reordenação[1]. Dividida em uma miríade de Estados e centros pequenos, o berço da cultura neoclássica apresenta uma *routine* modesta baseada em poucos projetos. A atenção dos governadores se concentra, então, em projetar edifícios públicos, dando início a uma multiplicação de lugares destinados à cultura, segundo uma progressão que, em toda a Europa, se intensifica logo após 1848.

Algumas atividades, com seus relativos edifícios, chegam a duplicar-se, principalmente onde a presença simultânea de diferentes comunidades linguísticas é mais forte. É então que, graças a uma legislação liberal em relação a cultos e idiomas, cada um dos principais grupos étnicos se mune de equipamentos religiosos, culturais e esportivos próprios. O fenômeno, após 1850, atinge principalmente os centros danubianos e cárpatos, em muitos

---

1. É o período da história europeia sucessivo à derrota de Napoleão Bonaparte (1769-1821) e à supressão do sistema imperial implantado por ele de 1796 a 1815. Neste momento são restaurados os princípios precedentes à Revolução Francesa que caracterizavam o Antigo Regime.

casos desenvolvendo um sistema autônomo de pertinências funcionais.

Praga, após a liberalização, possui dois teatros nacionais e duas universidades, após a "utroquização" (desdobramento) do velho instituto, onde as aulas eram dadas somente na língua alemã. As sedes das escolas, bibliotecas, academias triplicaram em Bratislava, já então reconhecida pelo seu caráter de cidade magiar, eslovaca e alemã.

Os Edifícios para o Culto

O tema religioso, cujo papel foi redimensionado, não sendo mais o principal elemento de debate entre os arquitetos, fica excluso de maneira significativa daquele processo de redefinição dos tipos edilícios que caracterizam o século XIX; após as grandes expropriações e confiscações dos bens eclesiásticos, a Igreja perde seu papel de agregador que tinha na cidade do Antigo Regime. Porém, devido ao seu significado de monumento urbano, a Igreja metropolitana participa no esforço de consolidar a identidade municipal, tornando-se protagonista, da mesma maneira, do palácio da prefeitura e do teatro, nos espaços mais representativos da cidade, na praça central e em suas proximidades mais imediatas.

O processo de secularização subtrai da Igreja suas atribuições no poder civil como também no âmbito da instrução e da assistência; agora ela se reduz cada vez mais na sua função original de lugar para o culto. Em seu lugar, ocupando o papel de agregador, a partir do fim do século XVII, vários sujeitos institucionais se candidatam, entre eles a escola, a biblioteca, o centro cívico ou comercial, cuja capacidade de agregação frequentemente é apontada com a expressão "de bairro".

Eles adquirem, localmente, o papel de apoio para novas e parciais organizações edilícias. Renovados nas fachadas, reconstruídos nas laterais e isolados em relação ao entorno, os edifícios para o culto se tornam, em não poucos

Fig. 38: *Milão: a nova praça do Duomo no projeto de G. Mengoni, 1864* [*Milão, Civica Raccolta delle Stampe Achille Bertarelli*]. *Em Milão, entre os anos de 1850 e 1860, é criada uma praça maior, cuja forma retangular é colocada ao longo do eixo maior do Duomo; sua fachada será repensada no contexto de uma redefinição de todas aquelas, face ao grande espaço recuperado das demolições. A realização de ambas será concluída após 1930 e, só então, o conjunto urbano poderá ser considerado concluído.*

casos, fulcro de obras de retificação e reorganização do espaço urbano.

O restauro do invólucro externo e a complementação das partes que faltavam, muitas vezes se torna parte de um projeto de reorganização do espaço que concorre na definição da identidade urbana. Como demonstra o caso milanês, com a praça do Duomo assim redefinida, a municipalidade e o teatro lírico serão os pontos de referência da nova cidade que se delineia logo após a unificação italiana.

Apesar de retrocederem como tema arquitetônico de segunda importância, os edifícios religiosos de tamanho médio e pequeno tornam-se objetos, durante o século XIX, de campanhas de construção constante devido a motivos políticos, ligados à tendência em reconhecer a liberdade de culto para as minorias como os católicos na Grã-Bretanha, judeus um pouco em cada lugar, mas, principalmente na Europa centro-oriental. Após 1850, nas cidades da Polônia e da Galícia austríaca, a sinagoga assume um papel importante no processo de configuração das áreas de ampliação.

121

Reconhecendo direitos iguais aos católicos, a Emancipation Act promove a realização de muitos edifícios eclesiásticos, quase todos inspirados na arquitetura gótica inglesa. O programa não intervém somente em localidades periféricas, mas também em grandes centros atingidos pelo fluxo migratório como Liverpool ou Birmingham. Nessas cidades, o que está em discussão é o tema da nova catedral, frente a uma população – católica e anglicana – que cresceu de maneira exponencial.

Nesses casos o novo templo da fé encontrará uma colocação não baricêntrica, provavelmente devido ao baixo custo dos terrenos ou devido ao propósito de assumir um *low profile* em uma paisagem urbana dominada pela cultura laica e, de qualquer forma, por uma maioria protestante.

Town Hall, Stadthaus, Hôtel de Ville

Tema frequente na cidade vitoriana, o edifício da prefeitura não é concebido como simples sede dos escritórios e representações municipais, mas como lugar para manifestações de caráter coletivo (exposições, concertos, premiações e encontro de sociedades beneficentes). Tudo isso acontece principalmente onde é necessário reforçar os traços de uma identidade urbana fraca, como nos centros industriais do norte e da Inglaterra central.

Os ingentes custos necessários para erigir esses templos de orgulho cívico provêm de subscrições, comitês e sociedades por ações criadas com essa finalidade, como acontece em Manchester, Leeds e Bradford.

Aqui, diferentemente das cidades de tradição mais antiga, a localização da municipalidade parece imposta pela disponibilidade de terrenos a baixo custo. Somente em um segundo momento, com a participação de coletas públicas, será aberta uma praça ao lado do edifício municipal, cuja dedicatória à rainha Vitória ou aquela ao príncipe Alberto nos lembram que a praça teve origens no século XIX, de maneira um pouco fortuita.

Fig. 39: *Berlim: o novo Rathaus, perspectiva com a fachada principal*, 1869 [NBB].

Esse dado diferencia os centros que cresceram praticamente do nada, como, por exemplo, Leeds, das cidades de tradição mais antiga como Norwich e Nottingham. Nesses casos, assim como nas cidades continentais de assentamento medieval, a praça e o edifício municipal representam uma referência da identidade local.

Na Alemanha, na França e na Itália o caminho realizado com mais frequência é aquele que induz a uma valorização das sedes municipais tradicionais, ou seja, Hôtel de Ville, Rathaus, Broletti, Palazzi Comunali e della Regione. Em sua maioria, eles são transformados radicalmente, às vezes são até ampliados, respaldados por uma *facies*[2] arquitetônica e simbólica que permanece aparentemente intacta.

Em Paris, o Hôtel de Ville está no centro da *grande croisée* (grande traçado viário em cruz) desejada por Napoleão III;

---

2. Termo latim que, na geologia estratificada, indica o conjunto de características de uma rocha sedimentária a partir do qual é possível deduzir qual foi seu ambiente de formação.

para restituir seu caráter renascentista original, sua ampliação e prolongamento, será realizado parte do grande projeto urbanístico traçado por Haussmann.

Nas cidades cívicas pequenas e médias, o edifício de antiga tradição consegue, normalmente, incluir as funções político-administrativas que as reformas do meio do século atribuem à prefeitura. Nas grandes cidades ocorre pensar um novo edifício, mesmo onde existe um *pedigree* histórico de todo respeito: em Milão, Viena, Berlim, a velha sede foi abandonada e os escritórios encontram um novo tipo de organização. Nas duas capitais da Europa central, o tema foi enfrentado quase contemporaneamente e foi confiado ao mesmo arquiteto que concebe dois edifícios colossais de forma retangular, dominados por uma torre posterior em relação à fachada de tijolos vermelhos. Em Viena, o novo edifício é realizado na *Ringstrasse* e em Berlim nas proximidades do baricentro urbano.

O Teatro

Ao abrir suas portas a um público burguês, o *teatro* se torna parte essencial da nova identidade municipal. Às vezes, como em Viena, ao lado de um teatro, que é da corte (*Hoftheater*), é construída uma nova estrutura endereçada à populaçao em geral; o *Burgtheater*.

Entre todos os edifícios-símbolos da nova era, mais do que outros edifícios, o teatro absorve a função basilar atribuída às igrejas na cidade da Idade Moderna. Cenário para novas praças e frequentemente o ponto de referência em volta da qual é disposta a malha dos novos quarteirões, mesmo onde ele é de construção recente, o teatro nunca é posicionado de maneira casual, mas determina o novo baricentro da cidade.

Veículo de um renascente orgulho municipal urbano, o edifício para os espetáculos líricos é designado a ter principalmente finalidades representativas, tornando-se, mais do que outros, motor de novos assentamentos urbanos. Nos centros médios e médio-grandes, como Palermo, sua valência urbana parece evidente principalmente após 1860, quando são lançados programas de edificações ambiciosos.

Diferente é o caso, mais ou menos frequente, onde o teatro é adequado na trama urbana (como o veneziano La Fenice, o Liceu de Barcelona ou o Scala de Milão). Consolidado durante o século XVIII, o edifício é, de qualquer forma, objeto de transformações radicais, ditadas pela necessidade de adequação cênica e tecnológica, de ampliações e reformas para aumentar a capacidade. Não esqueçamos que, na passagem do século XVIII ao XIX, o teatro perde seu caráter original de "edifício de corte" para se tornar uma instituição aberta a todos os que podem enfrentar a despesa de um palco ou, simplesmente, de um bilhete de entrada.

Sua "democratização", sua ascensão ao nível de *status symbol* para a burguesia emergente acresce o nível de popularização e de agrado por parte do público. É suficiente olhar as *gazetas* da época para perceber o enorme peso

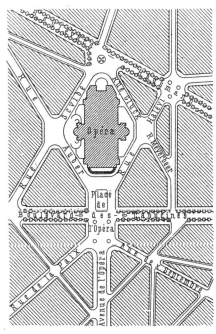

Fig. 40: *Paris: a área em volta do teatro Opéra na organização haussmaniana* [SDB]. Situada no centro dos planos de Haussmann, a construção do teatro Opéra de Paris constitui o episódio de maior relevo e, ao mesmo tempo, o mais representativo de uma tendência que considera esse gênero de edifício como cerne de uma transformação em grande escala.

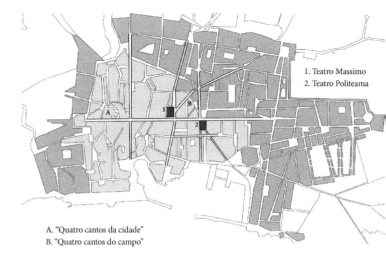

A. "Quatro cantos da cidade"
B. "Quatro cantos do campo"

Fig. 41: *Palermo: a localização dos teatros Politeama e Massimo, sobrepostos na trama de expansão prevista pelo plano Giarrusso, 1864. O Teatro Massimo de Palermo é colocado na intersecção de dois novos eixos que estão fora da cidade com muralhas. Assumindo forma e nome do tradicional baricentro da cidade, os "quatro cantos do campo" trazem, pela presença do teatro, a legitimação para candidatarem-se como novo fulcro da organização urbana.*

que os programas teatrais – e em particular a temporada lírica – assumem na vida urbana.

Sua capacidade de polarização pode ser verificada também na edificação e se explicita também nos casos de adaptação ao existente. Necessidade de ampliação, acessibilidade e representação geram rasgos no tecido preexistente e a criação de alargamentos, praças ou vias de acesso acompanham inevitavelmente a obra do século XIX na adequação às exigências alteradas.

Frequentemente as novas fachadas distinguem, em seu exterior, o processo de transformação; em Nápoles e em Milão, a fachada do teatro renovado serve também para superar a entrada da galeria, ela também realizada em uma fase imediatamente sucessiva.

O caso dos edifícios concebidos especialmente para a ocasião é diferente, com formas que, apesar de copiarem as dos teatros preexistentes, se abrem livremente ao espaço urbano que o circunda, nos quatro lados. Em volta deles, o olhar do observador pode correr ao longo de todos os lados de seu perímetro.

O novo teatro pode assim funcionar como referência para a organização do entorno urbano. Sob esse ponto de vista, Paris e Palermo oferecem uma casuística de grande interesse.

Epicentro da nova cidade burguesa, investido por papéis de representação, o teatro se torna o motor de uma série de modificações substanciais, ou seja, medir a capacidade ao determinar novos assentamentos se torna, portanto, decisivo para compreender aquilo que geralmente acontece nos centros médios e grandes.

Nas cidades à beira-mar, lá onde se procura uma relação de continuidade visual e funcional com a água, o teatro constitui a primeira peça de um desenho em escala urbana que engloba inteiramente a orla marítima.

Outros Lugares da Cultura

Nascidos como donativos do príncipe mecenas, as bibliotecas, os museus e outros lugares da cultura começam a se tornar edifícios-símbolos da nova cidade liberal, como será demonstrado com o caso *Ringstrasse* após 1860.

O fenômeno é associado, em parte, aos princípios da revolução francesa e à sua lenta mas constante aplicação, afirmando-se, de maneira particular, o princípio da coletivização de algumas prerrogativas ligadas ao colecionismo que, em outros tempos, eram reservadas ao soberano e à sua corte.

As novas atribuições culturais não são mais separadas da cidade real, mas também não se tornam parte, oferecendo-se como equipamento aberto a todos: o museu possui coleções de quadros ou de peças antigas; da coleção de livros, impressões e incunábulos nasce a biblioteca.

A isso acrescenta-se, nos maiores centros, as sedes universitárias, elas também objeto, na maioria dos casos, de um processo de liberalização. Como já vimos em relação às cidades-capitais, esses edifícios tornam-se fulcros de uma nova organização do espaço urbano, a menos que não sejam recuperados de estruturas preexistentes.

Seu papel de primeiros atores é evidenciado mais tarde, pela ênfase estilística que, em geral, os conota com formas muito evidentes. A esse propósito, a arquitetura registra com muita lentidão essa passagem de época em que as fachadas parecerão, ainda por muito tempo, dominadas por colunatas neoclássicas, frentes barrocas, tímpanos "à grega"; todos esses elementos servem para interligar o passado com o presente, conectando-o aos exemplos históricos mais importantes. Também dão um sentido de continuidade com a fase precedente, ligada ao século XVIII e aos grandes episódios do denominado "despotismo esclarecido".

Seu reconhecimento funcional em parte é conferido às fachadas, visto o caráter "neutro" das plantas. As longas colunatas "à grega", como aquelas usadas no British Museum de Londres, cedem lugar para uma variedade de referências estilísticas que devem possuir um caráter alusivo como, por exemplo o neorrenascimento à italiana ou à francesa para evocar as grandes instituições culturais da Idade Moderna, o neobarroco ou neorrococó para lembrar os grandes edifícios públicos de Roma e Paris.

Na organização de sua planta, bibliotecas, museus e institutos superiores reproduzem um esquema similar, baseado em uma forma retangular e organizado de maneira simétrica, em volta de pátios internos.

Concebidos com o estigma de rigidez, como se fossem sedes de ministérios, esses grandes institutos ocupam quarteirões inteiros com seu volume. Entre todas, são ressaltadas algumas instituições museológicas e didáticas construídas em Berlim e em Viena após 1870: a imensa Technische Hochschule, colocada no bairro berlinês de Charlottenburg, os dois museus e o novo edifício da universidade, situados ao longo da *Ringstrasse* vienense.

Essas grandes construções austro-alemãs refletem uma tendência geral, típica da segunda metade do século xix, em uniformizar a implantação dos edifícios públicos; é nesse momento que os dois grandes países da Europa central chegam juntos com esse tema. Mais do que a organização distributiva torna-se interessante suas relações com o contexto urbano, variável de lugar a lugar, segundo características específicas.

Os Edifícios do Governo

Em quase todos os lugares, como já vimos, a noção de centralidade é reexaminada, assistindo, em alguns casos, ao reforço de uma hierarquia existente e, em outros, à sua inversão como em muitas cidades britânicas ligadas a uma geografia da centralidade modificada.

O processo de revisão e relocalização envolve também países de tradição urbana mais consolidada, lá onde estruturas históricas não aguentam o impacto dos novos papéis como em Bruxelas, as fachadas da Grande Place são "recuperadas, devolvendo seu esplendor originário", mas isso não impede que as atividades direcionais se transfiram para outros lugares.

Os denominados *edifícios do governo* concorrem em criar novas polaridades. Nessa categoria, não fazem parte somente as sedes do Parlamento que, após 1848, aparecem em todas as cidades-capitais da Europa, mas prefeituras, liceus, edifício do correio, sedes de administração fiscal e judiciária também constituem as amostras de um novo repertório edilício, tornando-se referências do poder central e expressão tangível do esforço para unificar e articular os principais ramos da administração pública.

Então, tantos "pequenos Partenons" surgem nos nós principais da cidade para afirmar o primado de público em uma cultura dominada por motivos exclusivamente individuais. A inevitável praça posicionada em frente, criada para a ocasião, serve para evidenciar o papel de protagonistas no cenário urbano.

129

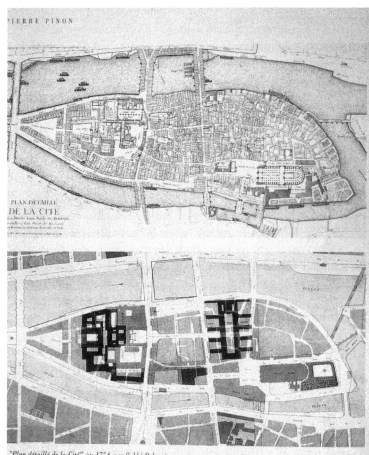

"Plan détaillé de la Cité", en 1754, par l'abbé Delagrine.
"Plan général des améliorations des rives de la Seine" et de la transformation de la Cité.

Fig. 42: *Paris: plano de transformação da Île de la Cité, aproximadamente1855* [HDP]. *Nos anos de 1850, Notre-Dame de Paris perde aquele seu caráter descrito nos romances de Victor Hugo: então, a igreja medieval era parte de uma intrincada massa edilícia e a sua imponência aparecia improvisadamente aos olhos do observador. Após as demolições e transformações ligadas aos programas haussmanianos, a Île é englobada em uma estrutura regular onde se ressaltam os novos grandes edifícios do governo.*

Em todo contexto nacional, o fenômeno se associa, obviamente, à história política que estabelece, inevitavelmente, principalmente após 1848, os programas de realização. Na França, o fenômeno começou nas cidades capitais de departamento já na primeira parte do século XIX, mas se intensifica durante o Segundo Império e a Terceira República. Nos domínios ausburgos o processo se intensifica após a reforma administrativa que decorre do compromisso austro-húngaro de 1866, no Reich alemão, com o processo de unificação política após 1871; analogamente isso acontece na Itália unificada após 1860 e, na Espanha, logo depois das reformas liberais.

A Grã-Bretanha vitoriana merece, mais uma vez, uma reflexão à parte, devido ao peso que tanto a iniciativa local e a pressão da iniciativa privada assumem. Entretanto, além das diferenciações nacionais, é possível individuar uma tipologia de edifício público principalmente nas suas relações com a cidade que o circunda?

Certamente a escadaria e a colunata de entrada constituem uma espécie de baliza que em quase todo lugar (inclusive na Grã-Bretanha) nos indica a presença de um edifício público de especial relevância; nesses casos se recorre a um estilo que poderemos chamar "ministerial", porque evoca motivos e elementos individualizáveis nos grandes complexos burocráticos, em obras, em todas as capitais europeias, e não somente nas de recente formação (como Roma, Bruxelas, Atenas e Budapeste).

Em continuidade aos primeiros exemplos realizados no século XVIII, esse tipo de arquitetura governativa deriva em parte do edifício do século XVI –XVII italiano, do qual retoma a exuberância de *bugnati*[3] e de arquitraves em

---

3. *Bugnato* é um tipo de revestimento de fachada típico principalmente da arquitetura renascentista, mas bem difuso em estilos mais recentes. Encontra-se frequentemente em vários edifícios do século XIX. Tal revestimento se compõe de *bugne* (pedras em relevo em relação à parede), e se distingue segundo sua forma e seu relevo, que pode ser rústico, liso e trabalhado a ponta de diamante.

balanço; reencontramos essa linguagem mesmo quando não se trata de realizações totalmente novas, mas adaptações de estruturas preexistentes (conventos, edifícios nobres). Além da fachada, outro elemento que os distingue remete à forma retangular, em geral estabelecida em volta de um ou mais pátios centrais.

Resta avaliar a relação com o âmbito urbano que, em alguns contextos nacionais e em reação a funções específicas, gera espaços significativos como praças arborizadas, largos monumentais, perspectivas: é o caso do Palais de Justice na França, particularmente enfatizados seja no plano arquitetônico seja nas relações com o entorno urbano.

O Exemplo da Cidade Colonial

Existem situações onde o núcleo original se desdobrou ou até se multiplicou; além do exemplo das capitais, existem aqueles dos lugares termais, balneários e centros portuários, que analisaremos em outro capítulo. De grande interesse, sob esse ponto de vista, é o processo de adaptação de algumas cidades médio-orientais à nova organização urbana imposta pelos colonizadores no decorrer do século XIX. Isso vale principalmente para os núcleos mais antigos, onde os europeus redefiniram uma hierarquia das emergências urbanas que modificou a organização precedente.

O princípio vale também para as áreas em expansão, no *quadrillage* uniforme da Tunísia ou da Alexandria do Egito, onde os novos tipos edilícios constituem os fulcros funcionais e ideais da cidade colonial. Em volta do edifício de Lycée National ou do edifício da Justiça são dispostos os quarteirões regulares da cidade europeia.

Isso é bem explicado pelo geógrafo Elisée Reclus ao visitar a Tunísia em 1886, logo após a conquista francesa, observando os pontos de referência do núcleo direcional, então ainda em estados embrionários como o "l'hôtel de ville, le palais de justice, le théâtre, la bourse" (a prefeitura, o palácio da justiça, o teatro e a bolsa). Uma vez realizados, eles gerarão "longas perspectivas retilíneas" que, se adequadamente prolongadas, transformarão radicalmente a labiríntica cidade originária.

Os edifícios públicos serão, portanto, os fulcros do processo de haussmanização, os elementos da nova ordem urbana que os franceses implantam antes de consolidar uma malha do conjunto. Na sua brutalidade, essa estratégia foi atuada nas maiores cidades algerianas, de Bonne a Constantina, de Oran à própria Argel. As novas funções administrativas e militares foram colocadas externamente, gerando, mais tarde, um conjunto de diretrizes capazes de incidir profundamente sobre a organização tortuosa da cidade árabe.

A esse grande *percées*[4] fazem parte os edifícios públicos de caráter utilitário; eles também estão situados fora do centro antigo: estações ferroviárias, hospitais, quartéis. No final, as polaridades políticas e comerciais ligadas à colonização europeia se tornam os focos geradores de um sistema de conexões totalmente estranho à estrutura viária da cidade preexistente.

Argel é um ótimo exemplo de sobreposição de um novo sistema, baseado na posição de funções altamente representativas da vida política, cultural e religiosa em lugares estratégicos.

É diferente o caso das cidades-empório, onde os problemas de representação passam para segundo lugar; ou melhor, a *mise en scène* do poder político perde a importância em relação aos símbolos da vida econômica emergentes, particularmente visíveis dentro dos limites do império britânico. Em Mumbai, Alexandria do Egito, Cingapura, as sedes de bancos, bolsa, representações comerciais constituem a espinha dorsal da nova cidade, como veremos em um dos próximos capítulos.

---

4. Em francês, o "processo de desapropriações e demolições", como aquele realizado pelo barão Haussmann.

A "NEUE STADT" DOS REIS DA BAVIERA

1. Residência Real
2. Marienplatz e o edifício da prefeitura

Entre as cidades capitais de nova instituição, Munique ocupa um lugar especial pelo peso que as organizações urbanas assumiram na primeira metade do século XIX; talvez mais que em outras cidades, os soberanos locais tentam imprimir um sinal inesquecível da própria grandeza.

Entre 1808 e 1852, os arquitetos do governo desenham três novas artérias perpendiculares entre si, partindo da residência real que funciona também como ponto de fuga de uma perspectiva; a primeira é a Ludwigstrasse em direção norte, a segunda Briennerstrasse verso oeste e, enfim, a terceira é a Maximialianstrasse verso leste. Nos três eixos, prolongados para fora da cidade, são erigidos os novos equipamentos destinados à cultura, que acabam por caracterizar cada uma das novas artérias: os museus de arte antiga (Glipoteca, Antikesammlungen) e a Pinacoteca em direção oeste, a Biblioteca Nacional e a Universidade no norte, assim como o museu de arte popular e o Maximilaneum a leste.

Fig. 43: *Munique: eixos principais e edifícios representativos, aproximadamente 1850.*

A "TOWN HALL" DE MANCHESTER

A supremacia econômica do grande centro industrial necessitava de símbolos arquitetônicos, então inexistentes. Em 1867, após um concurso nacional, é construído um novo edifício que, como revela sua planta triangular, não nasce dos sedimentos de preexistências, nem de um lugar consagrado pela história cívica; ao contrário, a municipalidade e a praça situada ao lado, tornam-se parte de um grande loteamento de iniciativa pública, varada também com o escopo de eliminar uma série de habitações insalubres e complementar uma diretriz viária importante.

A linguagem empregada retoma idealmente os grandes exemplos alemães medievais do Flandres e da Lombardia. Conjugada a uma torre, suas notáveis dimensões dominam um entorno sem características particulares.

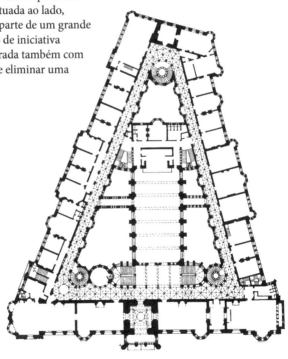

Fig. 44: *Manchester City Hall, planta do andar térreo* [BLD].

A PRAÇA E O TEATRO ALLA SCALA

Em 1858 é demolido o quarteirão localizado entre a frente do teatro alla Scala e a fachada incompleta do edifício Marino, onde será localizada a sede da prefeitura. O cenário realizado de acordo com o desenho do século XVI se torna o pano de fundo desse novo espaço, que resulta contornado por dois dos edifícios mais significativos da cidade. Ao teatro lírico e a prefeitura se acrescenta a sede de um banco importante e a saída da nova Galeria Vittorio Emanuele, que interliga a praça do Scala com a do Duomo, ou seja, os dois polos urbanos com taxa de representação mais alta.

Ao longo desse novo sistema de comunicação, bares, restaurantes, lojas de luxo e sede de empresas comerciais representam os elementos de contorno que alimentam o fluxo e enriquecem a paisagem.

Fig. 45: *Milão: o teatro alla Scala em uma gravura de L. Rupp de 1831* [Milão, Civica Raccolta delle Stampe Achille Bertarelli]. *O prolongamento do pórtico do século XVIII do Scala serve para interligar o edifício ao contexto urbano. Esse é o primeiro passo para a formação de uma praça nova e maior onde, durante o século XIX, serão construídas, alinhadas, as sedes de instituições públicas e particulares, com alto índice de representação.*

A GRANDE "PARADE ARCHITECTURALE" DE VIENA

Quem decretou o sucesso e consagrou a fama internacional do *ring* vienense foi principalmente a sequência espetacular de edifícios públicos realizados com formas declaradamente monumentais; entre 1865 e 1890, ao longo do semianel são concebidos edifícios com todas as sedes e funções atribuíveis a uma grande capital imperial. Após os dois museus, erigidos em frente ao palácio imperial, com uma linguagem neoquinhentista, é a vez da sede do parlamento construído em estilo neogrego, a Câmara Municipal de sabor neogótico. do teatro e da universidade com formas neobarrocas.

Existe também um evidente caráter alusivo nas escolhas arquitetônicas que, uma de cada vez, evoca a democracia ateniense, a religiosidade medieval, a epopeia comunal, a comédia italiana e o instituto de ensino superior parisiense. As frentes não são alinhadas banalmente, mas dão vida a um sistema articulado de espaços que emoldura e valoriza cada episódio arquitetônico.

Fig. 46: *Viena: o Parlamento, a Câmara Municipal e a Universidade, ao longo do* ring *recém-realizado, aproximadamente 1880* [VSI].

5. OS LUGARES DO HABITAR E
OS LUGARES DO TRABALHO

Cidades Inglesas e Cidades Continentais

Na questão da edilícia residencial, ao modelo continental se contrapõe um modelo britânico; cada um deles tem origem em regimes fundiários, tradições jurídicas e administrativas profundamente diversas, que em parte podem ser resumidas na tradicional comparação entre Paris e Londres.

 No Reino Unido, o crescimento se articula em fragmentos distintos, correspondendo cada um a propriedades imobiliárias individuais (*estate*); resulta um mosaico de pedaços independentes, que se implantam entre as malhas largas das faixas externas, não respeitando um desenho geral, mas segundo lógicas próprias de forma e orientação. O processo tende a saturar as porções compreendidas entre os sistemas viários preexistentes, cujo traçado original, de ruas sinuosas de terra batida, não foi modificado em sua maior parte. Formalmente, isso tudo confere às periferias inglesas um caráter de *patchwork* morfológico que somente em pouquíssimos casos é substituído por um retículo uniforme; a grelha compacta orientada de maneira diferente e adaptada ao quadro preexistente de forma variada parece, ao contrário, dominar as faixas ampliadas nas cidades continentais. Para perceber essa diferença é suficiente dar uma olhada, mesmo que superficial, nas plantas de Londres e Berlim, de Edimburgo e Barcelona, para somente citar algumas. Alimentada por fluxos profundos, a implantação da planta representa, porém, o último anel de um conjunto de questões: a manifestação de um processo que não está relacionado somente com a morfologia, mas também com o perfil de dois sistemas jurídico-administrativos distintos.

Para além do canal da Mancha, os maiores graus de liberdade concedidos ao proprietário ou ao operador imobiliário produzem alguns efeitos macroscópicos sobre a *forma urbis*; entre elas, como já foi dito em relação a Londres, a ausência de vínculos pré-constituídos ao traçar o desenho viário e volumétrico.

Já que é teoricamente admissível construir em cada *estate*, acabam faltando as bases onde, em outros lugares, é consolidado o monopólio das áreas edificáveis. O regime de *leasehold* (contrato de aluguel) permite uma espécie de indiferença aristocrática das lógicas comerciais mais abjetas: o caráter inalienável da *nuda proprietà*[1] impede passagens que aumentariam o valor final do solo. Na Inglaterra esse complexo de fatores faz, portanto, diminuir o valor médio dos terrenos, alivia o peso da renda fundiária e reduz, como efeito conclusivo, a densidade média das intervenções edilícias nas áreas de ampliação. A relação entre densidade edilícia e regime dos solos foi bem demonstrada no

---

1. Significa que não há posse da propriedade, mas somente o usufruto até o dia da própria morte.

Fig. 47: *Milão: trecho do plano de ampliação, 1888* [*Milão, Civica Raccolta delle Stampe Achille Bertarelli*].

caso escocês, parcialmente similar, em alguns de seus elementos jurídicos, a outras nações continentais. Na Escócia, a existência de um sistema fundiário diferente e a ausência do *leasehold*, em particular, parece gerar um incremento de densidade decisiva nas áreas de expansão residencial.

Não é por acaso que a palavra *tenement*, ausente no dicionário dos ingleses, reaparece em Glasgow e em Aberdeen, definindo um tipo edilício de vários andares com habitações destinadas ao aluguel. O aparecimento desse tipo edilício é acompanhado com a fase de industrialização e de inurbamento iniciada no fim do século XVIII; em 1842, a investigação da Comissão real já indicava uma situação de gravidade particular na maioria das cidades escocesas devido a valores de densidade mais altos e de superpovoamento.

Nas ilhas britânicas, as interrupções históricas parecem menos claras, seja em meados do século, seja na passagem do século XVII ao XIX; mais do que de eventos da época, as transformações parecem depender de fatores locais (como o início de um ciclo econômico ou a abertura de novas rotas marítimas).

Ao contrário, na Europa continental, e em particular na área centro-oriental, o ano de 1848 e as consequentes liberalizações produzem efeitos tangíveis; a partir da segunda metade do século, quando são progressivamente eliminados uma série de vínculos militares e privilégios concedidos à aristocracia fundiária, assistimos à realização em série de grandes blocos residenciais. Somente com a superação e queda dessas barreiras é que nasce um mercado verdadeiro e próprio de áreas, e mesmo nas faixas de expansão se começa, portanto, a falar de investimentos e de proveitos, enquanto nascem novas figuras, como aquela do operador imobiliário.

O setor propõe-se a se tornar, entre outras coisas, um dos possíveis canais de emprego de capital, de maneira a otimizar a renda do investimento; a especulação sobre o valor das áreas – na brecha que divide o valor inicial do final – se apresenta como um dos âmbitos mais estimulantes para os capitais de risco. Mesmo a produção de moradia a baixo custo é vista com margens de renda possíveis.

A liberalização fornece uma das componentes que está na origem do modelo de edificação densa e difusa desde Hamburgo a Trieste, de Colônia a Budapeste. O afluxo de capital produz o resto, frente a enorme demanda de habitações ligadas ao desenvolvimento demográfico; principalmente nas grandes cidades, a especulação constitui o impulso de um mecanismo que, nas áreas de expansão, prospera no diferencial criado entre o valor agrícola e o valor do terreno edificável.

Nesse contexto, dominado pelas leis de lucro, crescem os grandes blocos residenciais que ocupam os quarteirões de uma malha viária definida pelos esquemas urbanísticos. A casa de aluguel representa a célula indispensável, multiplicando-se em intermináveis séries de moradias, frequentemente idênticas por natureza e dimensão.

Na definição dos imóveis de vários andares dominam aqueles critérios que permitem utilizar, da melhor maneira possível, a porção de solo, ou seja, a *máxima* superfície coberta, a *máxima* altura que as normas edilícias possam consentir; por outro lado, os grandes blocos respondem aos *mínimos* estabelecidos pelas prescrições em matéria de higiene, de prevenção anti-incêndio, de decoro com pátios internos e superfícies envidraçadas ao *mínimo*, decorações reduzidas ao essencial. Características e dimensões resultam, no final, predeterminados pelas normas do regulamento edilício (o *building code*), as quais se baseiam na ideia de que cientificamente é possível estabelecer um limite entre condições aceitáveis e condições inaceitáveis. Dessa pesquisa sobre o limite, se delineiam tipos edilícios estandardizados, os *tenements* nova-iorquinos e as *Mietkasernen* berlinenses, segundo um modelo canônico que admite diferenças mínimas entre uma realização e outra. Em Estocolmo, assim como em Viena, o sucesso desse tipo de edificação com pátio, assim como o seu grau de rigidez da distribuição e construção, depende da vizinhança àquele limite que já falamos.

O princípio pode ser estendido a uma multiplicidade de casos onde se reconhecem, nos limites da monotonia, valores constantes de uniformidade tipológica e de densidade volumétrica; mesmo nos *ilots* parisienses ou nas *manzanas de Barcelona*, essa tendência à repetição descende de uma maneira comum de entender a edilícia e de posicioná-la em um divisor de águas sutil que divide o respeito (mínimo) das normas ao aproveitamento (máximo) da renda.

No final, os *tenement houses*, os *Mietkasernen*, os *grands immeubles à louer* aparecem como elementos de uma pai-

143

Fig. 48: *Paris: fachada de um* grand immeuble *no princípio de um* boulevard, *1853* [ABZ].

sagem urbana completamente nova; eles representam a resposta a necessidades de moradias econômicas tão dramáticas como também improvisadas; além do mais, esses grandes blocos concretizam um modo extremo de conceber o tema da residência a baixo custo na grande cidade.

Tudo isso, como já foi dito, não acontece na Inglaterra, onde, ao invés, se desenvolvem tipos edilícios mais distanciados entre si, mesmo no âmbito das moradias a baixo custo; longas fileiras de edifícios com dois ou três andares, muitas vezes monótonas, normalmente estão posicionadas paralelamente à rua. Elas também materializam uma série de prescrições contidas nos regulamentos edilícios, a ponto de ganhar o título de *by-law houses* (literalmente "casas construídas segundo a lei"), respondendo, nos mínimos termos, aos *standards* higiênico-edilícios previstos pela normas, mas nem sempre usufruindo ao máximo as possibilidades de construir as edificações mais altas.

O tema da casa de aluguel, e em geral da moradia para os trabalhadores, deu vida, durante o século XIX e na primeira metade do século XX, a uma vasta literatura desenvolvida por filantropos e reformadores, engenheiros, economistas e sociólogos. Modelos tipológicos e esquemas de organização, modalidades de intervenção e critérios de financiamento foram, um de cada vez, propostos na esperança de resolver tecnicamente a grave emergência de habitação que marcou a vida de todas as grandes cidades, principalmente após 1850.

As diversas soluções, por volta de 1890, vão convergir simultaneamente ao princípio de uma intervenção direta da administração pública; apesar da semelhança do ponto de chegada, para não dizer de partida, os modelos de edificação pública confirmarão a distinção, do lado de cá e do lado de lá do canal da Mancha, entre um tipo prevalentemente "de grandes blocos", por um lado, e um tipo prevalentemente "de casas individuais", por outro.

Subúrbios e Bairros de Casas

Na Inglaterra, a difusão de um modelo residencial com baixa densidade tem origem não somente em costumes diferentes, mas também naquelas características intrínsecas ao sistema imobiliário das quais já falamos. Esse dado, dito por inciso, contrasta com uma visão progressiva que julga, de qualquer maneira, aprovando a passagem de um sistema tardo-feudal a um regime liberal dos solos. O país, que garante aos nobres a propriedade semiperpétua das áreas, é também o país dos subúrbios-jardins, onde condições estruturais permitem uma redução geral da densidade residencial.

Isso vale também para as habitações das classes mais desfavorecidas, até mesmo para os "infernos proletários" descritos nas pesquisas inesperadas, onde as casas não superam os dois ou três andares; em um hectare de *slum* inglês

Fig. 49: *Alexandria do Egito: à beira-mar Abbas, em uma imagem de 1925.*

vive a metade das pessoas que, com a mesma condição social, vivem em Berlim ou em Viena.

Em algumas circunstâncias, o processo de redução da densidade pode chegar ao ponto de configurar uma relação entre volume e superfície associável ao tipo de habitação individual. Isso acontece especialmente, mas não necessariamente, nas faixas mais externas da cidade, onde o custo do terreno é mais baixo.

Para voltar às comparações com outros países pertencentes ao império britânico, resulta significativo olhar também para o além-mar, ou seja, nos *dominions*, como a Austrália, Canadá e Nova Zelândia, onde se aplica o mesmo regime jurídico-fundiário e onde reencontramos uma difusão análoga aos bairros de baixa densidade. Nas colônias onde não é vigente o sistema inglês, as cidades se desenvolvem em classes compactas, segundo características que se aproximam mais às cidades da Europa continental. O caso de Alexandria do Egito é muito esclarecedor, onde os ingleses fornecem a conjuntura administrativa, mas não os princípios jurídicos ligados ao seu crescimento repentino, que entre 1870 e 1914 se verificará através da implantação de quarteirões regulares com densidade médio-alta. Podemos fazer uma comparação entre os bairros residenciais de Sidney ou Montreal que nos lembram as áreas de expansão de Londres, enquanto na grande cidade-empório do Egito eles são mais parecidos aos de Marselha ou Barcelona.

Outro fenômeno concorre na formação de áreas de baixa densidade ligadas ao tipo unifamiliar com suas hortas, jardins e espaços de própria pertinência. Na Inglaterra e nos Estados Unidos, já a partir do início do século se assiste a um processo de "popularização" da vila depois que, no século XVII, se difundiu um modelo neopaladiano reservado aos aristocratas; agora o tema edilício da casa individual se abre às novas classes emergentes, tornando-se prerrogativa de amplos setores da sociedade.

A vila tende então a se transformar em um múltiplo de um conjunto e, apesar de sua origem individual, torna-se o módulo para novos tipos de agregação edilícia concebidos em grande série. Nas cidades britânicas, como já vimos, o fenômeno assume principalmente o aspecto de uma sucessão contínua de moradias unifamiliares dispostas em dois andares (*semidetached house*): esse gênero de ocupação está destinado a difundir-se em quantidades maciças, encontrando profundas motivações de tipo cultural ligadas a modas, gostos e tendências que afloram no último quartel de século.

Emerge então, com evidência, o ícone do *cottage*, que representa a casa camponesa da tradição pré-industrial. Essa é a expressão de uma nostalgia por um passado distante e feliz, segundo um modelo cada vez mais aprovado por amplos extratos da classe média. Com a realização de Bedford Park, por volta de 1874, essa ideia se materializa em um exemplo praticável. Afastando-se do paradigma inicial, o *rural cottage* não corresponde mais a um edifício isolado no campo, mas a uma sequência edilícia bem articulada e muito mais vária do que os realizados nos esquemas *by-low* mais corriqueiros. Difundindo-se em "mancha de

147

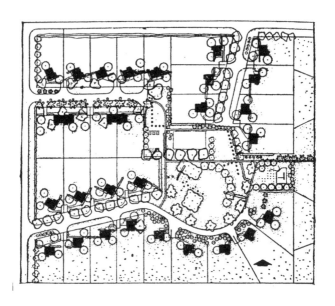

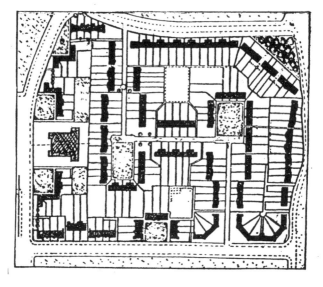

Fig. 50: *Comparação entre esquemas de subúrbio: inglês com casas* semi-detached *e americano com casas* detached [EDU].

óleo" na Inglaterra do fim de século, o *cottage* se associa cada vez mais à ideia de *subúrbio* e cria com ele um binômio indissolúvel. *Subúrbio* significa um conjunto de casas, ruas e espaços verdes dotados de individualidade própria formal e arquitetônica; a ele, mais tarde, será acrescentado o termo jardim, que serve para apontar a baixa densidade e a prevalência de áreas não edificadas.

Graças também a ações do governo que favoreceram a difusão, permanece o fato de que, para além do canal da Mancha, o sistema imobiliário está em condições de oferecer um modelo que em outros lugares está reservado às classes médio-altas; defronte a essa demanda de *cottage* suburbanos, de fato, se acentuará a tendência natural de perpetuar níveis de densidade muito reduzidos.

Nas décadas seguintes, a difusão do subúrbio-jardim conferirá uma fisionomia de ocupação particular às cidades do Reino Unido e dos *dominion* britânicos. Ao contrário, nos centros da Europa continental, a divulgação do tipo individual produz o fenômeno bem mais limitado de "bairro com casinhas": somatória de episódios individuais que permanece circunscrita em um extrato social bem preciso e a uma localização bem precisa de porção de área urbana em expansão. Em Paris ou em Berlim, habitar em uma casa individual, residir em uma área de baixa densidade, permanece fundamentalmente um luxo reservado a poucos.

O fenômeno é mais difuso nos lugares termais e nos centros de veraneio (de Deauville ao Lido de Veneza); mesmo nesses casos trata-se de casas isoladas em áreas verdes que, diferentemente do subúrbio britânico, não têm ainda nenhuma pretensão de uniformidade ambiental. Aliás, a própria ideia de "bairro com casinhas" parece servir-se do contraponto expressivo das formas mais absurdas devido a normas especiais do regulamento que prescrevem a realização desse tipo de edilícia segundo modalidades intencionalmente não homogêneas.

Na passagem do século, o modelo suburbano se difunde mesmo na América do Norte e alcança uma extensão

Fig. 51: *Chicago: subúrbio-jardim de Oak Park, aproximadamente 1900* [RCA]. *Daqui partem as primeiras tentativas de pesquisa do jovem Frank Lloyd Wright, ao tentar fornecer um modelo autóctone à demanda local de casas individuais; desde os primeiros projetos do* cottage *à inglesa dos anos de 1890, ele desenvolverá as* prairie house *na primeira década do século.*

macroscópica graças ao advento de meios de transporte rápidos. O dado é perceptível tanto na costa atlântica quanto nas amplas planícies, mas é principalmente nas cidades maiores do fim do século que a casa individual, circundada de vegetação, adquire grande relevo: em Boston, Filadélfia, Nova York e, como veremos, especialmente em Chicago. A penetração do bonde elétrico no início do século, a difusão do automóvel após a grande guerra permitirão a multiplicação. No subúrbio americano confluem elementos que provêm tanto da Inglaterra como da Europa continental onde a generosa oferta de terrenos de baixo custo e a pesquisa de harmonias ambientais nos lembra os primeiros; o caráter individual da casa isolada nos quatro lados (*detached house*) nos lembra, ao contrário, os segundos.

De qualquer maneira, o ponto de partida é constituído pelo *cottage* inglês, apresentado segundo diversas variantes expressivas que os arquitetos experimentam para depois elaborarem um modelo "tipicamente americano". Principalmente Chicago se apresenta como sendo a autêntica *garden city* da América, porque, mais do que as outras, foi-se estendendo com subúrbios residenciais de baixa densidade durante a reconstrução que se seguiu ao danoso incêndio de 1871.

Enfim, a habitação individual, associada ao subúrbio-jardim, se tornará um traço de distinção das periferias residenciais no mundo de língua inglesa: em formas *detached* ou *semidetached*, ele se estenderá da Califórnia à Austrália, do Canadá às cidades da África do Sul.

O Bairro dos Negócios

Na Chicago do fim do século, além do *cottage* do fim de século afirma-se outro exemplo de tipo edilício: o arranha-céu. Não por acaso isso acontece na *boom city* por excelência, na metrópole que passa de 5.000 a 1.700.000 habitantes no decorrer de cinquenta anos. Tanto um como outro são representados como dois modos opostos de conceber a relação entre volume e superfície do lote; um às margens da cidade, outro no centro, ambos destinados a condicionar a nova paisagem da metrópole americana.

A partir do final do século xix, o arranha-céu fornece uma função espetacular ao *edifício para escritórios*, novo protagonista do cenário urbano, tornando-se sede de bancos, seguros, sociedades comerciais e financeiras. O processo é alimentado por um incremento decisivo das atividades terciárias, muitas vezes unidas ao propósito de associar o nome da companhia a sedes e localizações de prestígio. Resultará um impulso à espetacularização do novo tipo edilício e à sua concentração em volta de novos e antigos nós urbanos de relevo particular; em Paris ao longo dos *grands boulevards*, em Londres nos principais centros da cidade antiga com muralhas (a City), em Nova York na ponta da península de Manhattam (a Downtown), segundo uma tendência de formar um bairro monofuncional.

151

Fig. 52: *Milão: praça Cordusio, o novo bairro dos negócios, aproximadamente 1900 [Florença, Archivi Alinari]. Em Milão, a poucos passos da praça de Mercanti, se forma, entre 1889 e 1903, um núcleo destinado aos negócios, correspondente ao novo ponto de referência de praça Cordusio; logo após a construção do edifício da bolsa, será a vez das sedes das maiores companhias nacionais de seguros e dois dos principais bancos. A nova configuração parece satisfazer às necessidades materiais e ideais da cidade que se prontifica em se tornar a capital econômica da Itália.*

A presença da bolsa de valores e de outro espaço para negócios atrai edifícios do terciário, criando as condições para que se forme um "bairro dos negócios" com as vantagens da concentração, das sinergias entre operadores financeiros e comerciais, em que é reproduzido, em uma escala maior, aquele fenômeno de aglomeração típico das cidades mercantis da época medieval e moderna. Aquilo que em outro tempo acontecia em volta de uma praça do mercado ou de uma *loggia*[2], onde era feito o câmbio de dinheiro, agora se dilata na dimensão de um bairro especializado, às vezes como na City de Londres, sobrepondo-se

---

2. Em italiano, edifício ou parte de edifício aberto em um ou mais lados, com cobertura sustentada por pilares ou colunas. Na Idade Média, era lugar de reunião de pessoas que exerciam a mesma arte ou era lugar de mercado. *Il Grande Dizionario Garzanti della Língua Italiana*, 1987, Itália.

a um núcleo preexistente, outras vezes causando a transferência. O limiar da mudança pode ser posicionado no último quartel do século XIX, mesmo se na Grã-Bretanha o fenômeno é verificado nas décadas precedentes.

Nos edifícios que representam a ascensão do capital financeiro se manifesta uma tendência em simplificar; com isso desaparecem as colunatas dóricas, sinal que distinguia os bancos, as bolsas de valores, as sedes de companhias de seguro, enquanto impunham, na fachada também, as regras férreas que ditaram a sequência regular e interativa dos espaços internos. Uma sucessão de janelas, iguais entre si, por ritmo e dimensão, se repete em uma estrutura ortogonal, em um palimpsesto onde toma forma o "edifício multiandares para uso de escritórios", dito também *skyscraper* ou "arranha-céu".

Nova York e Chicago reivindicam a paternidade, porque foi ali que, na década 1885-1895, foram definidas as características e dimensões. Com o aumento vertical dos valores fundiários nas áreas centrais, acrescentam-se também os progressos da tecnologia: o emprego do aço na realização das estruturas e a utilização de equipamentos com cabos automáticos (*lift* ou *ascenseur*) nas ligações verticais. Por mais que, nas áreas de Manhattam ou no *Loop* de Chicago, essas edificações sejam cada vez mais numerosas, a densidade nunca será tal a ponto de constituir o elemento de conexão. Uma cidade edificada somente com arranha-céus existirá somente na imaginação de escritores e ilustradores, já visíveis nas páginas daquele novo gênero literário que toma o nome de "fantástico". Na realidade, eles certamente surgirão alternados com edifícios de altura média. Blocos de habitações, depósitos e edifícios comerciais de dimensão mais limitada. No entanto, mesmo que sejam poucos, os *skyscraper* conferirão uma fisionomia totalmente original ao perfil urbano dessas áreas centrais. Graças ao impulso ascensional da torre, esse tipo de cenário aparecerá tão inédito ao ponto de se tornar um dos símbolos mais eficazes do novo século, já às portas.

153

Fig. 53: *Chicago: o bairro dos negócios em axonometria, em um guia de 1895* [CTG].

Fig. 54: *Chicago: a área central após a reconstrução, aproximadamente 1900* [RCA].

Estabelecimentos e Bairros Industriais

No processo de especialização que caracteriza a complexidade urbana, a indústria emerge como sendo um terceiro elemento ligado às atividades produtivas, que se impõe como novo protagonista, tornando-se ao mesmo tempo catalisador de interesses e de valores simbólicos, objeto inicial de críticas e de motivos polêmicos. Paralelamente, se desenvolve a questão dos estabelecimentos, de sua evolução para formas mais adequadas às específicas necessidades tecnológicas. Afirmam-se espaços contínuos e vãos cada vez mais amplos graças à introdução de novas técnicas de construção, são utilizadas vigas e pilares de ferro já empregados com sucesso na Grã Bretanha a partir do final do século XVIII, como também se recorre a estruturas de concreto, principalmente na França e na Alemanha, a partir do último quartel do século XIX. A necessidade de fornecer crescentes quantidades de luz natural é a origem do aumento progressivo das superfícies envidraçadas; a isso se junta a invenção do teto "*a shed*" e de outros dispositivos que permitem a iluminação do alto.

Não é tanto sobre o desenvolvimento "endógeno" que queremos tratar quanto sobre o peso e presença que o estabelecimento industrial começa a assumir no contexto urbano; somente nos centros administrativos, construídos por uma única companhia como a New Lanark da Escócia ou a Le Creusot da França, a fábrica constitui o fulcro da organização urbana, como se fosse um templo dedicado à nova religião do trabalho.

O mesmo tipo de centralização pode ser encontrado em algumas das cidades ideais, como aquelas propostas pela literatura utópica, as quais, porém, ficam limitadas a poucas e isoladas tentativas, sem significativa força na paisagem em geral. Em outros casos – mesmo naqueles cujos centros industriais nasceram praticamente do nada – o estabelecimento tende a adaptar-se à organização preexistente, colhendo as oportunidades oferecidas pelo lugar, como a presença da água e da energia a baixo custo, a proximidade de grandes ofertas de mão-de-obra e das vias que permitam um abastecimento racional de matérias-primas. Existem áreas, como o Lancashire, a Ruhr ou a alta Silésia, onde todas essas condições estão presentes e onde, portanto, a concentração de atividades produtivas alcança valores particularmente elevados.

Apesar da homogeneidade dos dados ambientais, a instalação de tecelagens e oficinas não provoca uma sequência ininterrupta e ordenada de uma única atividade comparável à dos bairros residenciais, porque é a lógica individual, quase anárquica, que não o permite e é quem guia o processo de localização das atividades produtivas.

Para a criação de áreas homogêneas ou de verdadeiros bairros propriamente industriais, deveremos esperar o final do século XIX e a iniciativa de algumas municipalidades. Até então, as fábricas se localizam ao longo das estradas radiais e ao longo do percurso das águas que relacionam a cidade com seu interior da região. A proximidade com as

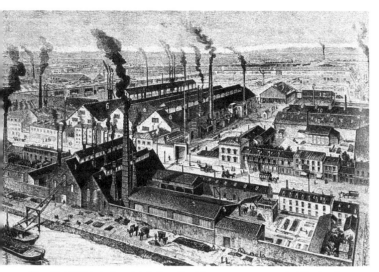

Fig. 55: *Edifício industrial de Ivry (Paris) em uma gravura de 1890* [ILF].

vias de comunicação permite um afluxo mais rápido das matérias-primas e dos funcionários ligados à produção. Analogamente, manufaturas e produtos acabados podem defluir racionalmente para seus lugares de destino.

Como não deixou de observar Engels, descrevendo as cidades-pesadelo da Inglaterra setentrional, nos centros siderúrgicos e de tecelagem, a proximidade com as águas se dá, principalmente, com o intuito de lavar o algodão e a poda da lã, alimentar os dispositivos que fornecem energia, resfriar os produtos que saíram de altos-fornos. Portanto, trata-se de um longo sistema de estabelecimentos que ocupa as margens dos rios. Frequentemente idênticas umas às outras, as fachadas dos estabelecimentos formam extensas fileiras, dispostas também às margens das estradas que conduzem para fora do centro habitado. No romance *Hard Times* (1853), Charles Dickens descreve os tons, as não cores, o senso de opressão de uma paisagem dominada pela indústria; porém, mesmo nos casos extremos, mesmo na cidade-símbolo da industrialização, não se pode dizer que existe um "bairro industrial" no sentido mais direto.

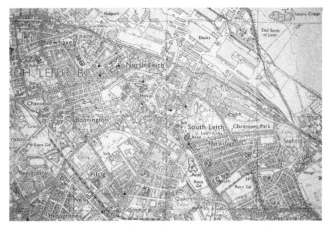

Fig. 56: Leith (Escócia): *o aglomerado, assim como se estratificou em volta do porto durante o desenvolvimento dos séculos XIX-XX; espalhados estão organizados* docks, *estabelecimentos industriais e habitações operárias, aproximadamente 1930* [OMP].

Na realidade, trata-se sempre de áreas mistas, mesmo nos casos onde a concentração de empresas de tecelagem ou siderúrgicas é maior. Com seu caráter invasivo e sua capacidade de adaptação, as atividades produtivas penetram profundamente nas largas malhas de uma expansão descontínua, especialmente na cidade inglesa, onde o crescimento se revela menos compacto; ali elas se colocam, normalmente, nos grandes vazios deixados livres pelos *estate* residenciais, os quais, como já pudemos notar, constituem os grandes pedaços de um *patchwork* em escala urbana.

Se ao invés disso falamos de "bairro residencial", aludimos a uma área funcionalmente (e às vezes tipologicamente) homogênea. É exatamente a homogeneidade e a ausência de elementos estranhos que resulta determinante para definir a noção de *residencial*.

Pelo contrário, lá onde surgem instalações produtivas é suficiente a presença de um só estabelecimento para conferir uma conotação unitária a todo o entorno. Dessa maneira, o termo industrial se estende em um entorno cada vez mais amplo, definindo setores diferentes como bairros, cidades, distritos, regiões. É o sinal de uma percepção bem pouco benévola do fenômeno: como na cidade descrita por Dickens, a presença ingente de fábricas, tecelagens, estabelecimentos siderúrgicos determina tempos e ritmos da vida coletiva.

Certamente, o caráter dos estabelecimentos do século XIX não contribui para atrair simpatia, já que fumo e fuligem, rumor e resíduos tóxicos muitas vezes circundam a já triste aparência dos novos cubículos residenciais. Nos anos anteriores à Primeira Guerra Mundial, o estudioso escocês Patrick Geddes inventava o termo "paleotécnico" para definir esse tipo de cenário: com isso ele nos revela sua confiança no progresso tecnológico que, em um futuro próximo, poderá melhorar radicalmente seu aspecto.

Para encontrar áreas homogeneamente industriais, é necessário tomar em consideração as grandes cidades-empório, nas partes que estão em contato direto com os ancoradouros marítimos e fluviais como na área das Docklands londrinas, situadas nas duas margens do Tâmisa, no vale da City, assim como nas faixas que estão atrás dos portos holandeses e hanseáticos, como Roterdã, Lubeca, Brema. Não se trata de estabelecimentos destinados à produção, mas lugares para estivar: galpões, silos, depósitos, *entrepots*, *docks*. Nesse caso, porém, a paisagem urbana alcança graus notáveis de continuidade e de homogeneidade que a aproximam, no imaginário coletivo, da ideia de "cidade industrial".

A Rejeição da Cidade Industrial

Alguém fala de "cidade industrial" mesmo em situações como aquelas encontradas em Viena ou Londres, onde não existem fábricas no verdadeiro sentido do termo; a expressão "industrial" está, na realidade, a indicar o contrário de "pré-industrial", um mundo ao qual se começa a olhar com nostalgia.

159

Enquanto nas faixas mais externas se afirma com atraso a ideia de cidade de referência, a imagem de núcleo histórico se delineia rapidamente e com precisão. O bairro residencial "com casinhas", a faixa industrial e, mais frequentemente, uma faixa genérica de transição entre o campo e a cidade compacta, pelo contrário, são os elementos de uma paisagem "periférica" que se compõe com dificuldade.

A essa nova e vaga entidade conceitual tenderá lentamente a associar-se a ideia de "cidade moderna", a qual, em um segundo tempo, se concretizará em uma série de modelos definidos (o modelo de *subúrbio residencial*, de *periferia industrial*, de *cidade-jardim*).

Somente em um determinado momento a "cidade além do limite" terá assumido um peso igual, se não superior, ao do centro urbano (ou seja, daquela que, no final do Antigo Regime, aparecia como a cidade *tout court*). Aliás, somente então nascerá a noção de *núcleo histórico*.

Se dermos uma olhada na planta de uma cidade atual podemos reconhecer facilmente as partes residenciais do século XIX, ou seja, uma malha regular com quarteirões retangulares dispostos de maneira uniforme ao longo das diretrizes de expansão. Essas partes resultam muito densas, muito uniformes, além de não possuírem fantasia nem prestarem atenção às peculiaridades do lugar.

Em 1889, o arquiteto vienense Camillo Sitte acusa, com veemência, essa maneira de entender a expansão urbana. O critério da densidade geométrica exprime, no seu parecer, a limitação típica de uma cultura "industrial e mercantil". Em seu panfleto, intitulado *O Urbanismo Segundo Princípios Artísticos*, ele reivindica uma superioridade abstrata sobre as razões do sentimento em relação ao grosseiro tecnicismo dominante.

Apesar de seus evidentes limites, o livro obtém um sucesso clamoroso; isso é um sinal evidente de uma insatisfação que emerge na última parte do século, pondo em discussão os critérios da edilícia dominante. Baseando-se nele, se estabelecem comparações com as cidades do passado, que então, já no fim do século, parecem, para alguns, bem mais adequadas às necessidades individuais e àquelas coletivas, como a qualidade dos espaços, a variedade das soluções arquitetônicas que criam, de fato, um quadro bem mais fascinante do que aquele oferecido pelos monótonos quadriláteros das áreas em expansão.

Nas suas diversas expressões linguísticas, o termo *centro histórico* nasce então para rebater a diversidade, para não dizer a superioridade, da ocupação anterior ao século XIX em relação às partes mais recentes. Assim como, ao contrário, as expressões *cidade moderna* ou *cidade industrial* revelam uma sensação de mal-estar em relação aos lugares do habitar e do trabalho.

O problema não se refere somente aos grandes centros continentais como Berlim, Viena ou Paris, com as sucessões de superquadras residenciais; refere-se também às cidades inglesas e a Londres, de modo particular, crescidas com índices de densidade bem mais modestos.

Fenômenos diferentes, mas convergentes – como o movimento para a cidade-jardim ou a atração em relação aos subúrbios residenciais –, exprimem, desde o início do século, uma rejeição idêntica da cidade industrial, de sua falta de relações com as imagens confortadoras da tradição, com o ambiente natural.

"MIETKASERNEN" EM BERLIM

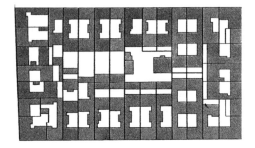

Com o termo desdenhoso de "casernas de aluguel", Werner Hegemann define, em 1930, as grandes quadras edilícias, típicas de Berlim da segunda metade do século XIX. Clamoroso exemplo da sinergia entre um regulamento edilício e um esquema viário, o plano para a capital do Reich unificado é definido em previsão de um aumento de população extraordinário; de fato, entre 1861 e 1914 a população deverá crescer quase quatro vezes, passando de 522.000 a 2.0757.000 habitantes e concentrando-se nos limites de uma superfície modesta. Após a demolição das muralhas é aprovado o novo regulamento edilício (1855); nele são indicadas as alturas máximas das frentes dos edifícios e as larguras mínimas dos pátios internos, determinadas, essas últimas, pelas necessidades de iluminar as moradias e poder deslocar as escadas retráteis dos bombeiros.

Dessa maneira se forma o tipo edilício com corpos longilíneos de 5-6 andares, paralelos à rua e organizados em volta de uma série de pequenos pátios quadrados. Em 1862 o novo plano regulador desenha a expansão da futura metrópole, traçando as linhas de uma malha uniforme cuja trama regular das ruas e dos quarteirões circunda o centro de Berlim por todos os lados, configurando uma ocupação para quatro milhões de possíveis habitantes. Em 1911, com 75 habitantes por edifício, a capital do Reich resultará como sendo a cidade mais densa de toda a Europa; aproximadamente a metade de sua população vive em *Mietkasernen*, realizados de acordo com o regulamento edilício já comentado.

Fig. 57: *Berlim: planta de um quarteirão de* Mietkasernen, *de acordo com o regulamento edilício de 1855* [STB].

ESPECULAÇÃO IMOBILIÁRIA EM ESTOCOLMO

Tanto aqui como em Berlim (1874), após o regulamento edilício (1874) foi implantado o esquema regulador, denominado "plano dos delegados" de 1876, onde foram traçados somente os eixos viários. Nos quarteirões retangulares, as prescrições detalhadas do regulamento configuram um modelo plano-volumétrico preciso baseado em uma altura máxima permitida (cinco andares acima do nível da rua); a dimensão mínima das fachadas não voltadas para a rua determina uma série de pátios (treze metros de largura) e de volumes internos (quatro andares de altura). No final, sem que as autoridades tenham se expressado em relação a perfis arquitetônicos, nasce um tipo edilício *standard*, repetido maciçamente nas áreas de expansão.

Fig. 58: *Estocolmo: corte axonométrico de um quarteirão de* Mietkasernen, *de acordo com o regulamento edilício de 1855* [TPR].

BEDFORD PARK, O PRIMEIRO SUBÚRBIO-JARDIM

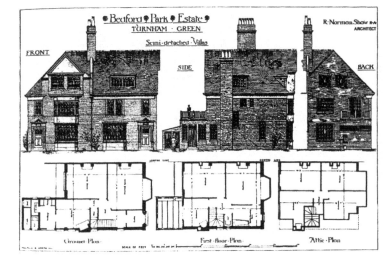

O arquiteto Norman Shaw, que já havia projetado palacetes e casas, em 1877 elabora o projeto do subúrbio-jardim de Bedford Park, na periferia ocidental de Londres. A iniciativa imobiliária quer diferenciar-se de outras similares, graças também à adoção de um núcleo próprio de serviços (a escola, a igreja, o clube, as lojas, o centro esportivo), que fará de Bedford Park uma ocupação autônoma. Shaw prepara um número limitado de soluções edilícias, todas baseadas na simplicidade arquitetônica, mas com predominância de elementos tradicionais (tetos ingentes, grandes janelas envidraçadas e emolduradas por pedra).

Agregados e dispostos de maneira sábia, os *cottages* tipo não dão uma impressão de uniformidade, mas de heterogeneidade, de maneira a sugerir a ideia de um vilarejo rural. Bedford Park foi concluído em 1880; graças ao sucesso obtido com as pessoas, ele exercitará uma influência não secundária no bom êxito das iniciativas sucessivas.

Fig. 59: *Subúrbio de Bedford Park (Londres): vistas e plantas do* cottage *tipo, 1876* [BLD].

ALEXANDRIA DO EGITO, A CIDADE-EMPÓRIO

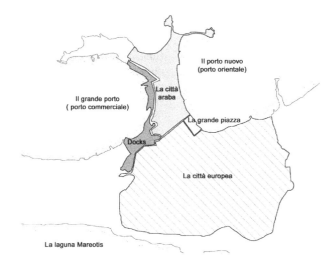

A cidade nasce praticamente do nada, em volta de um polo portuário e comercial ativado com a abertura do canal de Suez (1867); os dez mil habitantes de então se tornam quinhentos mil em 1914. O baricentro da futura "cidade europeia" se desloca ao sul, próximo ao novo porto (*eastern harbour*), no espaço entre a cidade velha e as muralhas otomanas. No centro, entre o velho e o novo núcleo, está localizada a grande praça retangular dedicada a Mohammad Ali, com seus pontos de referências da vida comercial (hotéis, bancos, sede de consulados e correio); portanto, os *lugares úteis* se tornam o fulcro da nova cidade europeia, os pontos focais de seu processo de formação e consolidação.

Na zona oeste estão alinhados os ancoradouros portuários e os depósitos especializados (carvão, madeira, algodão, tabaco); no leste, ao longo da baía cuja profundidade é baixa, avista-se a nova cidade residencial, com sua beira-mar cintilante.

Fig. 60: *Alexandria do Egito: a extensão da cidade e suas partes no final do século* XIX.

Arquivo 165

MANCHESTER, A CIDADE "PATCHWORK"

O crescimento de dois núcleos modestos, Salford e Manchester, ocorreu de maneira desordenada, ao longo de velhas estradas, pela somatória de pequenas e grandes unidades de uma situação fundiária fragmentada. Uma longa e ininterrupta sequência de indústrias de fiação estão localizadas na margem oriental do Irwell. É o conhecido Amoskeag Millyard, que se situa a pouca distância do *civic core* da capital do algodão.

A planta de 1809 mostra, porém, os sinais de uma transição em andamento, principalmente nas faixas suburbanas; com caráter ainda rural, percebem-se os traçados dos grandes loteamentos que estão para serem realizados. A cidade possui ainda sua fisionomia bipolar, que a enchente edilícia apagará no decorrer do século XIX. Sem um desenho preordenado, no final de um impetuoso ciclo de expansão, a cidade se apresentará como um aglomerado casual, um grande *puzzle* constituído por diversos sistemas de malha, cada uma direcionada segundo o sentido do perímetro ou da artéria mais próxima.

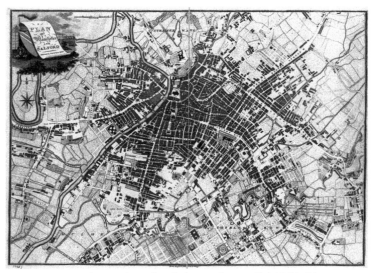

Fig. 61: *Manchester: planta da cidade, 1809* [Paris, Cliché Bibliothèque Nationale de France].

6. OS LUGARES DO ÚTIL
E OS LUGARES DA CURA

Hospitais, Cemitérios, Escolas

Já na passagem entre o século XVIII e XIX, alguns pontos de referência da antiga organização urbana começam a ser postos em discussão para serem, nos dois séculos sucessivos, progressivamente abolidos; entre esses pontos fazem parte as funções de interesse coletivo desenvolvidas pelas organizações religiosas.

Os napoleônicos dão um impulso decisivo à "laicização dos serviços públicos", principalmente em algumas áreas da Europa continental onde, no início do século XIX, o velho modelo ainda está em vigor. Graças a uma série de reformas institucionais e administrativas por eles promovidas, é constituído um sistema de serviços públicos centralizado nas mãos do Estado, ativo no setor sanitário, escolar, assistencial, que progressivamente substituirá uma malha puntiforme de atribuições pertinentes, durante séculos, ao clero e às ordens religiosas.

Principalmente a partir da Restauração, o processo reflete suas consequências na cidade, concretizando-se no plano edilício em uma série de adaptações obrigatórias; nesse caso, por exemplo, os conventos com seus pátios quadrados são transformados em escolas, quartéis, hospitais.

Somente em uma segunda fase nascerão novas estruturas especialmente concebidas e será dada uma forma definitiva aos temas edilícios solicitados por uma sociedade em transformação; entre outros, a escola, o hospital, o cemitério emergem como temas fundamentais aos quais ocorre conferir decoro e centralização na reorganização do espaço urbano. Aqui não é o caso de percorrer novamente os complicados acontecimentos que, entre o século XVIII e XIX, levam à transformação do modelo conventual do *hospitium* e do esquema com pátio fechado. Mais que uma codificação dos tipos edilícios destinados à cura, interessa-nos analisar a relação com a cidade.

A nova função quase sempre se instala em um ex-convento ou perpetua sua assistência de maneira laica. O resultado é diferente se é instalada em um edifício concebido especialmente para essa atividade e, somente nesse caso, o hospital será colocado a certa distância do centro.

Insinuando-se no tecido preexistente, as estruturas para a internação e a cura terão uma influência modesta na organização da cidade. Nem poderia ser de outra forma, visto o caráter extrovertido e inevitavelmente "incompleto" do sistema com pátio. Esse tipo de implantação ficará por muito tempo nos lembrando a origem do hospital cujas ampliações e transformações, que ocorreram sucessivamente, não nos impedem ainda hoje de perceber a planta quadrada do claustro original. Inicialmente, mesmo os hospitais projetados especialmente para esse fim reproduzem o tipo conventual organizado em volta de uma série de pátios fechados;

Fig. 62: *Milão: parte norte-ocidental do plano de ampliação, 1888. O cemitério Maggiore de Milão (o futuro "Monumentale") terá um peso determinante na topografia futura da área norte-ocidental: de fato, a avenida de acesso gera uma nova diretriz de expansão que se junta às outras radiais históricas.*

essa característica é também reencontrada nas poucas estruturas realizadas entre 1800 e 1870.

Entretanto, os progressos da medicina se aliam a técnicas tradicionais de profilaxia coletiva e o princípio do isolamento terá grande peso na definição das relações entre os centros de cura e os núcleos urbanos. Somente em um segundo momento as indicações sanitárias também condicionarão o tipo edilício; nesse caso, a prescrição retificada por regulamentos específicos não considerará somente os hospitais, mas os cemitérios e os matadouros também.

Ao lado de novas estruturas, obrigatoriamente descentralizadas, a indispensável avenida que interliga o centro adquire relevância, fornecendo uma diretriz essencial ao crescimento urbano. Essa prerrogativa pertence principalmente aos cemitérios que, diferentemente dos hospitais, sempre são realizados em novas estruturas edilícias, localizadas a distâncias apropriadas do núcleo habitado.

Somente após a metade do século XIX, além da escassez dos ex-conventos a serem reutilizados, o desenvolvimento da profilaxia médica estimula o princípio do isolamento que se afirma totalmente na edilícia hospitalar e condiciona também os critérios tipológicos. Uma contribuição na definição do novo hospital provém dos militares e também de algumas figuras chaves representadas por mulheres filantropas ou devotas da cruz vermelha, como a condessa de Lariboisière, em Paris, e Florence Nightingale, em Londres.

Algo de análogo pode ser dito sobre os edifícios escolares; em uma primeira fase de adaptações em ex-monastérios, os lugares da instrução vão se emancipando segundo modelos autônomos, sugeridos pelos progressos da pedagogia e da higiene. Nesse caso também, a tendência é de codificar estruturas cada vez mais articuladas e localizadas em áreas salubres, não próximas aos centros habitados.

Uma vez posicionadas nas áreas periféricas, as novas escolas e, principalmente, os grandes complexos hospitalares, se afirmam como grandes sendo "exceções" formais, dotados de uma geometria própria e distinta. De qualquer forma, é suficiente dar uma olhada, mesmo que de modo fugaz, nos mapas para perceber estas características; permanece a dúvida de que, apesar de sua evidente falta de adaptação ao contexto, esse tipo de equipamento coletivo tenha influenciado na forma e nas modalidades do crescimento urbano, pelo menos nas áreas pertinentes.

Os Lugares do Comércio

O processo de desprivatização afeta também a esfera da economia e da higiene pública, de modo particular as funções conexas às atividades de troca que, na cultura mercantil dominante, adquirem peso cada vez maior. Por um lado, são definidos os espaços destinados às trocas imateriais, como as bolsas de valores e de mercadorias por outro, os tipos ligados à venda, como a galeria comercial, as lojas de departamentos e os *bazaars* cobertos.

O setor do comércio de produtos alimentícios mereceria um capítulo a parte, pois, ao passar ao controle público, aloca-se em espaços especialmente construídos: mercados gerais e regionais, pescarias, *halles*. A esses se acrescentam

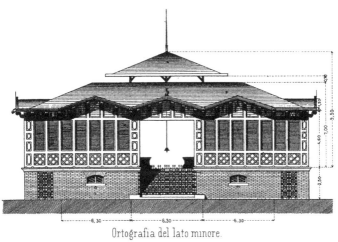

Fig. 63: *Palermo: mercado coberto na praça Martiri no projeto de G. Damiani Almeyda, vista e corte longitudinal, 1864* [ACA].

os lugares destinados à estocagem das mercadorias: *docks*, *entrepôts*, depósitos, multiplicados nas proximidades dos ancoradouros marítimos e fluviais.

Se para outras estruturas parece difícil individuar um exemplo canônico, para outro tipo de construção, os mercados gerais, no século XIX, os Halles parisienses, um modelo em ferro e vidro, assumirão um valor pragmático. Ao lado dele, outros lugares do comércio se configurarão na Paris haussmaniana, não somente espaços delimitados, mas, segundo estruturas edilícias especialmente concebidas e, em alguns casos, até mesmo "construídos", como as *passages*, *arcades* e *galeries commerciales*.

Londres disputa com Paris o primado nesse processo de definição dos tipos específicos, que, não por acaso, em outras cidades trairão, no nome, suas origens francesas ou inglesas. As *passages* parisienses entre 1820 e 1840, as *arcades* londrinas e nova-iorquinas, após 1860, representam as etapas fundamentais de uma afirmação progressiva dos "templos da mercadoria" na paisagem urbana do século XIX: antes meio escondidas na trama da cidade, acabarão

171

por impor-se como símbolos exuberantes de riqueza e de progresso.

Em Paris, após 1815, as galerias comerciais atravessam os grandes quarteirões do centro e devem ser iluminadas por cima. Nesse novo cenário se tornam protagonistas o vidro e o ferro, até então empregados na construção de pontes ou cobertura de galpões industriais e ferroviários. Dessa vez não se trata simplesmente de realizar uma cobertura de maneira rápida e econômica, mas de oferecer uma adequada imagem das aspirações de uma burguesia em ascensão social, na onda de uma cultura "vinculada à produção".

Ladeada por lojas, essa inédita rua coberta constitui um fundamental precedente para a evolução de tipos e modelos ligados à exposição, venda e troca de mercadorias.

Por volta de 1850 se desenvolve o modelo do *grand magasin*, onde, principalmente em Paris, nasce um tipo arquitetônico correspondente, que não será diferente do modelo de bazar turco (onde "todos podem encontrar de tudo"). Da parisiense Galerie de fer (1829), construído sobre dois andares em volta de um vazio central, à londrina Crystal Way, que desde 1855 armazena todo tipo de mercadoria sob a mesma abóbada envidraçada. Após 1870, será a loja de departamentos Au Bon Marché de Paris que codificará um tipo edilício.

Dessa maneira parece ter sido sublimado (e oferecido a uma clientela mais sofisticada) o modelo do chamado *gran bazaar*, que nasce sob o exemplo dos mercados orientais. Não é por acaso que, para definir um novo tipo de loja de departamentos, cidades expostas às influências asiáticas, como Moscou, também contribuam.

A Estação Ferroviária

A estação ferroviária é, provavelmente, entre as novas edificações emergentes que se encontram no cenário urbano, aquela que, mais do que outros, exprime o impulso para a inovação técnica e econômica. A construção dos grandes edifícios ferroviários ocorre principalmente entre 1840 e 1860, a partir do momento em que iniciam a realização de grandes redes "integradas" envolvendo todo o território.

A estação ferroviária, *railroad terminal*, *Knopfbahnof* ou *terminus*, localiza-se na conclusão das novas linhas ferroviárias que convergem nas grandes cidades-capitais, Londres, Paris e Berlim. Idêntica nas suas características básicas, ela inevitavelmente é composta por duas partes distintas: a plataforma para os trens e o edifício para os viajantes. O primeiro pertence ao campo da engenharia, o segundo ao da arquitetura monumental, evidenciando claramente o contraste do século XIX entre técnica e arte.

Constituindo o último segmento da linha ferroviária, a plataforma assume totalmente suas características: as abóbadas metálicas se repetem sempre iguais, como também os binários, as pontes, as marquises. A combinação entre os dois materiais responde a uma lógica de tipo industrial em que as partes estandardizadas podem ser produzidas e modeladas em oficinas, para depois serem montadas no canteiro de obra. A grande abóbada transparente, que parece satisfazer perfeitamente as necessidades funcionais básicas do programa, resulta em um objeto uniforme, que faz parte da paisagem de todas as maiores cidades do século XIX.

O caso da construção análoga e monumental, ou seja, o edifício para os viajantes, é diferente. Colocado em um contexto urbano, com dimensões muitas vezes imponentes, ele é tratado como outros edifícios públicos, dos quais retoma o modelo arquitetônico. Em Londres, a construção de um sistema terminal ferroviário, entre 1835 e 1870, nos oferece diversas soluções estilísticas que variam do templo dórico ao castelo medieval. Em grande escala, a colocação de equipamentos ferroviários produz efeitos relevantes na *forma urbis*; especialmente nas duas maiores metrópoles do século XIX, onde posicionar terminais faz parte de diversas dinâmicas urbanísticas.

173

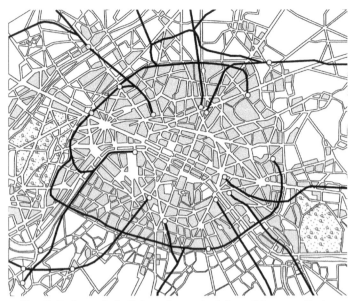

Fig. 64: *Paris: a rede das linhas e dos terminais ferroviários, por volta de 1860.*

Fig. 65: *Londres: a rede das linhas e dos terminais ferroviários, por volta de 1860.*

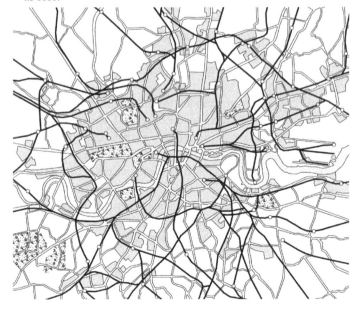

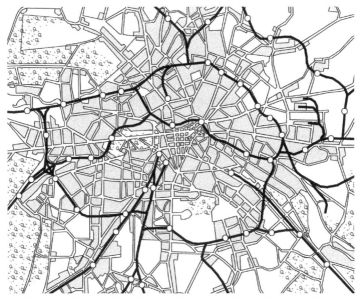

Fig. 66: *Berlim: a rede das linhas e dos terminais ferroviários, por volta de 1880.*

Na Paris haussmaniana, esses "pontos de encontro" se tornam o fulcro de uma organização com raio mais amplo, ou seja, as fachadas do edifício dos viajantes servem para enquadrar novos eixos, dos quais a própria estação constitui o elemento instituidor.

Traçando em planta as linhas que interligam as novas estações terminais, podemos individuar uma boa parte do grande retículo viário realizado, mais tarde, pelo prefeito napoleônico. Ao contrário, em Londres, em um cenário bem menos direcionado, os grandes terminais ferroviários são posicionados ao longo de artérias já existentes.

Ao lado das vias de penetração geradoras de novos terminais, existem linhas passantes que dão origem a estações de trânsito. Suas localizações, nesse caso, acompanham uma lógica "de diretrizes" que prescinde de considerações de natureza urbana. Ou melhor, o critério é aquele de posicionar o edifício dos viajantes ao longo do eixo ferroviário, no ponto mais próximo à cidade.

Nem sempre ele resulta tangente ou próximo ao centro urbano. Em alguns casos a distância é tal a ponto de criar um núcleo subsidiário em volta da estação: vejam, por exemplo, as implantações da Itália insular e dos Apeninos onde, frequentemente, a chegada do trem provoca um fenômeno de desdobramento do centro urbano.

Em muitos outros casos, a distância entre a estação e o centro gera um vazio que a expansão urbana terá condições de preencher somente nas décadas sucessivas à abertura da linha. A capacidade de atração da ferrovia é tal a ponto de condicionar o sentido do crescimento; o bairro da estação surgirá no espaço intersticial, catalisará e, em algumas circunstâncias, monopolizará os recursos destinados ao desenvolvimento.

As Exposições Universais

Associada ao novo universo utilitário, a combinação entre ferro e vidro se torna expressão de dinamismo. Deduz-se que a arquitetura das estações só pode interligar-se diretamente às grandes exposições universais, trazendo uma espécie de linfa vital e difundindo uma imagem de nível internacional.

Mais do que as estações, a própria ideia de invólucro metálico se identifica com as edificações-símbolo das exposições universais; o Crystal Palace e a Galerie des Machines erigidos em 1850 e 1860, exatamente quando são realizados os principais terminais ferroviários. Enfim, temos a mirabolante torre metálica que o engenheiro Eiffel desenha para a exposição do centenário em 1889. Intérpretes do mundo da produção e das trocas, essas três construções se tornam o emblema materializado da ideia de progresso.

Em Londres como em Paris, em Viena como em Milão, os pavilhões expositivos, as galerias dos maquinários e do trabalho ocupam os espaços das praças de armas e dos *campos de Marte*, acomodando-se entre a vegetação dos

Fig. 67: *Paris: imagem da Exposição Universal 1889* [EDP].

parques às margens da cidade: em Hyde Park, no Prater, nos jardins da Porta Venezia.

Ferro, vidro, madeira, gesso e papel machê são utilizados para as construções temporárias, destinadas a serem desmontadas e demolidas logo após o final do evento; o inventário do que as exposições disseminam na cidade é bem modesto (algumas estruturas podem ser utilizadas no futuro também, como sede de exposições temporárias, tais como o *grand e petit palais* em Paris ou as "rodas panorâmicas", como aquelas de Viena).

Constituem uma exceção os dois fantásticos cenários de pedra construídos em Turim (1884), o burgo medieval no parque Valentino, e, em Budapeste (1895), a série de edifícios, vilas, castelos hungareses, para exemplificar, aos olhos de um grande público, as características da arquitetura nacional.

Nas grandes exposições, os industriais, as câmeras de comércio, a classe dirigente colocam em cena uma espécie de representação de uma cidade modelada na ideia de progresso técnico. De maneira específica, o problema da mobilidade terá projeções imediatas na cidade real, na maneira de observar seu funcionamento geral.

Com seu caráter temporário, as exposições são, de fato, convocadas para arcar o afluxo de multidões desmesuradas; foram dezesseis milhões de visitantes no verão de 1878 em Paris (duzentos mil somente em um domingo).

As grandes exposições são também lugares da experimentação tecnológica e experimento dos transportes públicos. É aqui que o grande público toma pela primeira vez uma ferrovia com monotrilho ou um trem alimentado por eletricidade; eram percursos de poucas centenas de metros que, porém, prefiguram o que acontecerá nas décadas sucessivas em outra escala. As exposições antecipam, portanto, os futuros cenários: dominadas pelos deslocamentos cotidianos de grandes multidões, elas constituem a prova geral daquilo que em breve acontecerá em Londres, Paris e Nova York.

Com a Primeira Guerra Mundial, as exposições perderão seu caráter "pervasivo": não existirão mais parques, avenidas e praças de armas temporariamente destinadas àquela finalidade, mas espaços fechados e especializados, permanentemente destinados para esse tipo de uso. Por um lado se desenvolvem as feiras, com caráter mais marcadamente mercadológico, por outro se afirmam as grandes exposições temáticas ou de tipo ocasional; essas últimas, em Turim, Bruxelas ou Montreal, deixarão em herança grandes equipamentos que, sem terem mais a função original, muitas vezes permanecerão obsoletos, com uma desesperada procura para uma nova função.

Algo de similar poderia se dizer sobre as olimpíadas, os campeonatos mundiais de futebol e tudo aquilo que, no século xx, será proposto novamente em forma de peregrinação esportiva como nexo entre grandes multidões e manifestações efêmeras, típicas da cidade do século xix.

Lugares para a Cura do Corpo

No centro dessas iniciativas de massa estão os equipamentos esportivos, que, de temporários, se transformarão em equipamentos fixos, passando por um processo de codificação de dimensões e tipologia nas décadas precedentes à grande guerra. As novas edificações se colocam idealmente na esfera do lazer e, materialmente, nos parques públicos afirmados, nesse meio tempo, como lugares de encontro dentro dos grandes centros urbanos.

De maneira particular, eles se situam nas faixas mais externas das cidades britânicas, nas áreas intersticiais que permitem a implantação de grandes superfícies verdes. Em volta deles, principalmente após 1850, configuram-se algumas áreas específicas, ligadas a práticas esportivas que têm origem no condado (*rural sports*), onde no gramado dos parques ingleses se desenvolvem campeonatos de tênis, rúgbi, futebol e de críquete.

Praticadas principalmente pela pequena nobreza rural, essas atividades, após entrarem na cidade, dão origem à formação de espaços destinados a atividades de tipo especializado como campos de tênis e espaços para equitação, além de áreas destinadas aos jogos de esquadra como o futebol, o rúgbi, o críquete. Essas novas atividades esportivas comparecerão no continente somente muito mais tarde. Compete à cultura anglo-saxã o mérito de ter sido a primeira a elaborar os princípios da "prática esportiva" e de a ter inserido, de maneira estável, nos aglomerados urbanos, em um contexto de atividade ao ar livre. A criação de campos de jogo para crianças (*playgrounds*) será acrescentada no último quartel do século XIX, com o encorajamento do higienismo.

Essa forma de *lazer* se delineia no decorrer do século XIX; os *commons* e os parques das cidades britânicas se tornam teatros segundo comportamentos individuais e coletivos, livres e codificados. Em um segundo momento, são realizadas edificações especiais e espaços especializados,

179

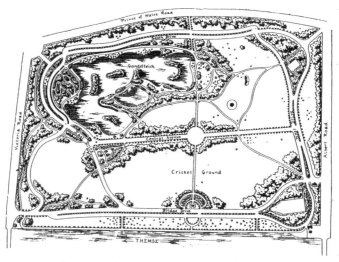

Fig. 68: *Londres: planta de Battersea Park, aproximadamente 1890* [SDB].

destinados a hospedar espetáculos esportivos; entre estes, o *sport arena* (o "estádio") emerge no fim do século como um dos mais característicos; é um lugar arquitetonicamente definido e inicialmente destinado a receber as especializações atléticas (corrida e arremesso). O estádio representa uma hibridação curiosa entre as atividades *en plein air*, de matriz britânica, e os modelos arquitetônicos de descendência greco-romana. No signo dessa coincidência renascerão as olimpíadas, cuja primeira edição será realizada em Atenas mesmo, em 1898.

O fenômeno, em geral, é testemunha do peso crescente que o cuidado com o corpo recobre na sensibilidade coletiva, sedimentando novos tipos edilícios e estimulando revisões radicais do tipo hospitalar "fechado". Associado com a difusão de modelos salutares, as termas são repropostas como sendo outro *topos* da Antiguidade. Nessa ótica, também são delineadas novas estruturas terapêuticas destinadas à talassoterapia e às curas marinhas, tendo, como fundo, novos cenários e novas tipologias urbanas (os centros balneários, termais, as *villes d'eau*).

Os centros termais se afirmam antes na Inglaterra e depois na França e, após 1870, em toda a Europa; os lugares de cura antes ficavam próximos às grandes concentrações urbanas, mas, graças à ferrovia, eles se difundem nos lugares mais remotos, entre os vales dos Alpes, dos Pirineus e do Maciço central.

Lugares de cura que não exigem hospitalização, o *palais des thermes* pode ser um edifício preexistente, como em Vichy, ou então ser construído totalmente novo, como em Aix-les Bains. Na França, diferentemente da Grã-Bretanha, o aproveitamento das águas terapêuticas é prerrogativa do Estado, que, portanto, tende a concentrar a utilização em uma única estrutura; inevitavelmente ela se torna o fulcro de um novo sistema de relações urbanas.

De norma, para separá-lo fisicamente do núcleo habitado, é criado um parque público no qual convergem os percursos ligados aos pontos fixos de um ritual cotidiano; o passeio antes de mais nada e, depois, todas as ocasiões ligadas ao lazer (o coreto para a orquestra, os terraços panorâmicos etc.).

Nas *villes d'eau*, submetidas à gestão pública das águas, o edifício termal tem o mesmo papel catalisador que o estabelecimento balneário vem absorvendo nos centros marítimos. Em volta, tanto em um como no outro caso, aparecem tipos edilícios inéditos como o *grand hôtel*, o *casino* e a *kurhaus*.

Cidade e Equipamentos para a Praia

Mesmo no setor balneário, o advento da ferrovia produz um processo de descentralização; ele nasce nas margens do canal da Mancha, do Atlântico e do mar do Norte e o costume de tomar banho de mar se difunde também na beira do Mediterrâneo. De Ostenda e Scheveningen, a moda alcança Nice e a Côte d'Azur, destinadas, em poucas décadas, a ocuparem uma posição de excelência.

Fig. 69: *Monte Carlo: o Palais du Casino no projeto de C. Garnier, 1878* [ARC].

Em todos os lugares o estabelecimento está no centro de um complexo sistema de funções e espaços que surgem como emblema de um uso terapêutico dos recursos marinhos. Às vezes a *ville balnéaire* se forma ao lado de um núcleo existente, outras vezes é origem de uma ocupação que se forma do nada.

A sequência de eventos que acompanha o nascimento de um centro balneário é idêntica: em primeiro lugar é realizado um ancoradouro de madeira (*jetée* em francês, *pier* em inglês) que torna possível uma prática terapêutica; depois é construído o estabelecimento marítimo, lugar fechado e coberto onde se pratica talassoterapia e um conjunto de curas a ela ligadas.

Na beira-mar, assim como nos centros termais, é necessário também oferecer distrações adequadas à demanda. Por volta de 1840, nasce o *kursaal*, que, apesar do nome, não tem nada a ver com a cura, pelo contrário, compreende salas de jogo, de leitura, concertos, bailes além de bares e restaurantes.

O termo *casino* representa o seu equivalente em francês, ou seja, lugar de distração e de encontros. Ele compreende também uma variedade de espaços destinados a várias formas de entretenimento. Em Monte Carlo, entre 1863 e 1878, a fórmula encontra sua consagração arquitetônica em maneiras grandiosamente monumentais sob a sábia direção de Charles Garnier, o mesmo projetista que realizou o teatro de ópera parisiense. A fama do edifício será tal – e em particular a sua *salles des jeux* (sala de jogos) – ao ponto de criar uma relação de identificação com o próprio termo, para designar os salões dedicados ao bacará e à roleta, utilizando-o cada vez mais de modo limitativo.

A esse ponto, com o processo de "invenção da praia", o caráter terapêutico original é substituído pelo seu aspecto recreativo. Quem realizou a nova Monte Carlo foi a Société des Bains de Mer, cujo nome lembra as motivações sociais iniciais, mas que agora já expande, nos mais diferentes setores, da *hôtellerie* à especulação imobiliária. O novo hotel, principalmente, se torna o protagonista desse novo cenário, onde só prevalece a dimensão mundana. Na nova acrópole, em cima da colina monegasca, o Casino está em frente à estrutura maciça do Hôtel de Paris, esse também projeto de Garnier: as duas catedrais fixam, na nova cultura balneária, um modelo em condições de refletir sob o aspecto turístico, o fascínio que provém da nova Paris haussmanizada.

Com sua fachada neobarroca e neorrenascentista, decorado por uma série de balcões e tetos com mezaninos, o *grand hôtel* reproduz e exporta as características do grande edifício parisiense; das localidades balneárias da Côte d'Azur e dos centros termais da França centro-meridional, esse ícone do luxo internacional se difunde em outros países nos vinte anos que precedem à grande guerra; floresce na Europa central em lugares como Marienbad e

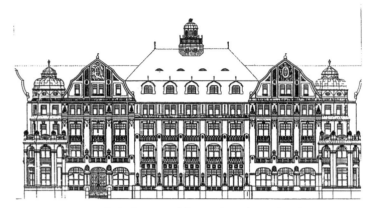

Fig. 70: *Merano: fachada principal do Grand Hôtel, 1904* [DBZ].

Karlsbad, chega ao mar Negro (Yalta) e ao Nilo (Heliopolis). Mesmo nesses casos, o *grand hôtel* surge associado ao *casino* ou ao *kursaal*.

O que os novos centros balneários têm em comum com as cidades portuárias do Mediterrâneo além do fato de ambas serem marítimas? Nice e Marselha, Abbazia e Fiume, Yalta e Odessa representam duplas não casuais de centros que crescem em paralelo, ambas aproveitando uma intensificada rede de comunicações por mar e por terra.

Às simetrias do tipo quantitativo se combinam simetrias do tipo urbanístico, ligadas em uma relação análoga entre centro velho e novo. A nova *ville des bains de mer* necessita de espaços amplos e salubres, de parques e jardins, de equipamentos e atrações colocadas obrigatoriamente nas proximidades da praia.

Da mesma maneira que na nova Monte Carlo, em contraposição à velha Mônaco, as atribuições de um centro marítimo requerem um destaque do núcleo preexistente: no espaço ideal e real da nova Hygeia balneária, a cidade mediterrânea, efetivamente, não encontra espaço, com seu conjunto de vielas e desordem pitoresca. Somente em pleno século XX a onda de turismo de massa irá afetar aqueles lugares, como, por exemplo, Saint-Tropez, Positano, Capri, que, no século XIX, uma vanguarda de pintores e intelectuais *blasé* tinha sabido apreciar.

No momento, burgos marítimos e núcleos antigos, como aqueles de San Remo ou Nice, estão condenados a representar os complementos moribundos de uma cidade essencialmente nova: em todos os casos de desdobramento, o baricentro urbano tende a deslocar-se na parte mais recente entre pinheiros marítimos, tamargueira e fachadas novas.

Por diversos motivos, mas com resultados similares, as cidades portuárias também tendem a gerar um núcleo completamente novo que concentra as atividades direcionais; os bairros do século XIX, realizados *au bord de la mer*, acabam por afastar o papel de centro direcional. O fenômeno se torna evidente em Marselha e em Trieste, dois grandes polos portuários da Europa do sul.

Menos radical é o caso de outras cidades marítimas do Mediterrâneo, como Barcelona, Gênova e Fiume, onde a relação de continuidade física entre o novo e o velho impede que a transformação de atividades seja total e repentina, como em Trieste.

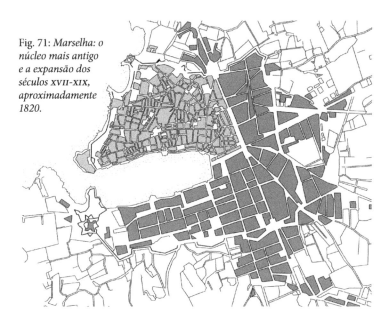

Fig. 71: *Marselha: o núcleo mais antigo e a expansão dos séculos XVII-XIX, aproximadamente 1820.*

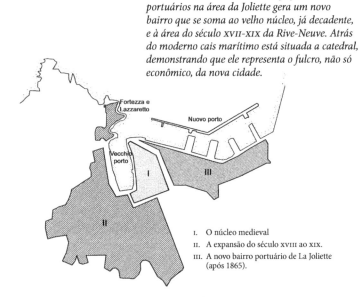

Fig. 72: *Marselha: as três fases do crescimento como aparecem no fim do século XIX. Em Marselha o deslocamento dos equipamentos portuários na área da Joliette gera um novo bairro que se soma ao velho núcleo, já decadente, e à área do século XVII-XIX da Rive-Neuve. Atrás do moderno cais marítimo está situada a catedral, demonstrando que ele representa o fulcro, não só econômico, da nova cidade.*

I. O núcleo medieval
II. A expansão do século XVIII ao XIX.
III. A novo bairro portuário de La Joliette (após 1865).

O HOSPITAL COM PAVILHÕES

Esse modelo de organização espacial e edilícia se afirma em todo lugar a partir de um princípio convalidado já na Idade Moderna quando, tanto na França quanto na Grã-Bretanha, o exército constrói nosocômios com repartições separadas. Depois da guerra da Crimeia, Nightingale afirma a validez universal desse princípio, a ser estendido a estruturas civis, nascendo, dessa maneira, segundo esquemas muito articulados, o Herbert Hospital de Woolwich (1860) e o Victoria Hospital de Netley (1856-1863), onde os diversos setores aparecem ligados por longos corredores.

Esse esquema complexo, definido por si próprio através de lógicas e economias internas, necessita de grandes áreas descentralizadas que só podem servir de modelos estranhos à cidade existente, à sua forma e aos seus traçados. Serão necessárias quase cem anos para o tipo *com pavilhão* ser revisto. Nesse meio tempo, ele encontrará aplicações no setor de hospícios também (manicômios, hospícios asilo para idosos etc.).

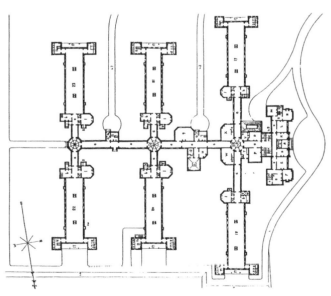

Fig. 73: *Londres: Hospital das crianças em Pendlebury, planta do térreo, 1878* [MHP].

LES HALLES DE PARIS

Com o projeto do arquiteto Victor Baltard, em 1853, inicia-se a realização dos mercados gerais de Paris. Destinado à comercialização dos produtos alimentícios para os dois milhões de habitantes, o complexo corresponde a uma sequência simétrica de quatorze pavilhões em ferro e vidro, interligados um ao outro por grandes passagens cobertas com abóbadas. Devido à dimensão grandiosa, a qualidade dos materiais e pela prodigiosa animação que dá vida aos espaços, os Halles se tornarão um dos símbolos do século XIX e do seu dinamismo econômico. O edifício parisiense marcará, mais tarde, um *standard* tipológico em questão de mercados cobertos: sua estrutura em ferro e vidro, mesmo se com dimensões menos grandiosas, será replicado em muitas outras cidades europeias.

Fig. 74: *Paris: vista interna dos Halles, 1883* [HCP].

A GALERIA DOS MERCADORES EM MOSCOU

Um dos principais canteiros após o incêndio de 1812 é projetado pelo arquiteto italiano Bove para a praça situada em frente ao Cremlin.

Atrás da fachada monumental neoclássica existe uma insuspeitável infinidade de galerias, com toda a altura do pé direito sobreposta por vidraças, balcões intercalados por pequenos *séparés*, com as mercadorias expostas. Ao retratar o centro representativo, a água-forte de Cadolle o descreve, em 1826, como um dos três edifícios símbolos da Moscou de Alexandre I, ao lado do palácio dos czares e da igreja de São Basílio.

Fig. 75: *Moscou: a praça Vermelha em uma gravura de A. Cadolle, 1826* [Milão, Civica Raccolta delle Stampe Achille Bertarelli]. À esquerda o edifício da Galeria dos Mercadores.

A GRANDE LOJA DE DEPARTAMENTOS "BON MARCHÉ" EM PARIS

Com o *slogan* "do alfinete ao elefante", o proprietário lança, em 1872, o empório Au Bon Marché. Além da fachada monumental, em sintonia com as fachadas do Segundo Império, uma sucessão de três andares livres, cada um é interligado por escadas externas e articulado ao redor de um vazio central de onde provém a luz. Cada andar tem mais de 1500 metros quadrados.

Trabalham quase mil adeptos, na maioria mulheres. Graças ao seu extraordinário sucesso, o nome do empório parisiense e sua característica de caixa envidraçada ficarão associados à ideia de lojas de departamentos. Reconhecendo-o como emblema de uma nova era, Émile Zola, em 1883, o fará protagonista de um romance: *Au Bonheur des femmes* (O Paraíso das Damas).

Fig. 76: *Paris: corte ao longo do vazio central da loja de departamentos Bon Marché, no projeto de L. Boileau, 1876* [PSS].

A GALERIA VITTORIO EMANUELE EM MILÃO

Definida através de um concurso de ideias organizado em 1858, a Galeria é parte de um programa urbanístico de reorganização do centro representativo de Milão; ela não foi recuperada de um espaço intersticial, como a *passagem* parisiense no qual se inspira, mas foi pensada como "uma rua coberta" para uma comunicação direta entre as praças do Duomo e do Scala. Olhando um corte, a Galeria resulta dividida verticalmente em duas partes distintas: em baixo ficam as fachadas de alvenaria dos edifícios e, em cima, a cobertura transparente que fecha o conjunto. Se as primeiras falam a linguagem eclética – com uma retomada explícita da arquitetura do *boulevard* haussmaniano –, a segunda se exprime nas formas concisas do ferro e do vidro.

Como nos Halles parisienses, aqui também uma grande cúpula transparente é colocada no centro, no ponto de intersecção dos quatro braços. Inaugurada em 1878, a Galeria, cintilante pelos cristais e luzes, animada por bares e lojas elegantes, será percebida pelo grande público como expressão de dinamismo econômico moderno e será replicada em outras cidades italianas (em Nápoles, na Galeria Umberto I, em Roma, na Galeria Colonna).

Fig. 77: *Milão: a Galeria Vittorio Emanuele, aproximadamente 1895* [Florença, Archivi Alinari].

AS ESTAÇÕES DE BERLIM

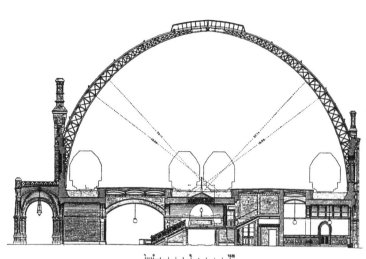

Abb. 301. Bahnhof Friedrichstrafse, Querschnitt.

A primeira estrada de ferro Berlim-Potsdam é de 1883. Nas duas décadas seguintes foram realizadas as principais linhas de ligação com os centros da província prussiana. Após 1871, com a unificação, o sistema de acesso à capital é reorganizado.

Realizando as estradas de ferro tardiamente em relação a outras cidades, Berlim pode tirar proveito dessas experiências precedentes, adaptando o sistema parisiense às condições locais, isto é, ao grande anel (*Ringhahn*) e às linhas de penetração se acrescenta um trecho médio (*Stadtbahn*), que é paralelo ao rio e atravessa os bairros centrais, concluindo também serviço de interligação urbano; não por acaso seu nome entra no dicionário alemão para definir a superfície metropolitana.

Graças a esse sistema de acessos "passantes", Berlim pode dispor de estações tanto para trânsito, como a Friedrichstrasse, como para terminais, como a histórica Postdamer e a mais recente Stettiner. Existem também estruturas destinadas somente ao tráfego de mercadorias.

A partir disso é iniciado um programa de adequação funcional e de *remake*

192 Arquivo

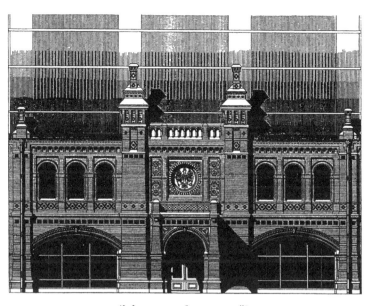

Abb. 302. Einzelheiten der Südansicht.

arquitetônico de todos os edifícios dos viajantes que prossegue até os anos de 1890; com a sempre presente abóbada metálica é realizado um edifício redundante de referências históricas, que vão do neorrenascimento da Lehrter ao neorromânico da Friedrichstrasse. Berlim se tornará um modelo de reorganização ferroviária que em parte será retomado, antes, em Viena, por volta de 1890, e depois em Paris, onde será realizada uma linha média.

Fig. 78: *Berlim: estação ferroviária de Friedrichstrasse, corte (ao lado) e fachada sul (acima), 1880* [NBB].

VICHY, CIDADE PARA A CURA E PARA O LAZER

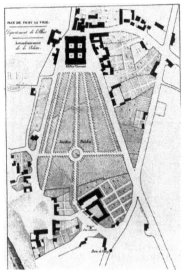

O núcleo gerador é colocado próximo ao velho hospital e à sua fonte mineral. Entre ele e o novo edifício termal, organizado em volta de quatro pátios e quatro fontes, já no final do século XVIII, é construído o jardim público. Em volta dele, na segunda metade do século XIX, são aprovados os equipamentos específicos de uma *ville d'eau*: a galeria coberta, o pavilhão para a música, o cassino, os banhos de primeira classe, os de segunda e terceira classe (recuperados no edifício do século XVIII). Nesse meio tempo, o jardim público foi renomeado como "parque das fontes", segundo uma tipologia que se repetirá em quase todos os centros termais.

Fig. 79: *Vichy (França): os estabelecimentos termais e o parque, 1810* [Paris, Cliché Bibliothèque Nationale de France].

NICE, A NOVA CIDADE TURÍSTICO-RECEPTIVA

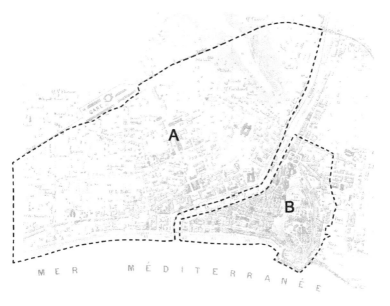

As linhas de desenvolvimento da cidade turística, que vem se consolidando entre a estação no norte e o rio Paillon ao sul, já foram traçadas. Os grandes hotéis são colocados em sucessão ao longo do rio e depois, na sua continuação, à beira-mar. Um elo decisivo é o jardim público, onde estão localizadas as atrações (o quiosque para os concertos, o Cassino Internacional) e os *grands hôtels* dos ingleses (o Grande Bretagne, Londres, d'Angleterre, des Anglais). São eles que dão o nome à nova *promenade* ao longo da beira-mar. Implantado sobre uma malha regular, o traçado da *nouvelle ville* não tem nada a compartilhar com a *velha cidade,* que tem características das cidades italianas da região da Ligúria, com estradas estreitas e tortuosas; o núcleo antigo representa a antítese formal da nova Nice dos grandes hotéis, dos estabelecimentos balneários, do cassino.

Fig. 80: *Nice: o núcleo mais antigo (B) e a nova cidade balneária (A).*

BIBLIOGRAFIA

Introdução. A Cidade na Época da Expansão

AGULHON, M. (a cura di). *La ville de l'âge industriel, le cycle haussmannien*, vol. IV. In: DUBY, C. (a cura di). *Histoire de la France urbaine*, Paris, 1983.
CARACCIOLO, A. *La città moderna e contemporanea*. Napoli, 1982.
_____ (a cura di). *Dalla città preindustriale alla città del capitalismo*. Bologna, 1978.
DYOS, H. J.; WOLF, M. (a cura di). *The Victorian Cities. Images and Reality*. London, 1973, 2 v.
FERRIN WEBER, A. *The Growth of Cities in the Nineteenth Century*. New York, 1899.
LAVEDAN, P. *Histoire de l'urbanisme. Époque contemporaine*. Paris, 1952.
_____. *Les villes françaises*. Paris, 1962.
MIONI, A. *Le trasformazioni territoriali in Italia nella prima età industriale*. Venezia, 1986 (ed. orig. 1976).
RONCAYOLO, M. *La città*. Torino, 1988 (ed. orig. francesa 1978).
RONCAYOLO, M.; PAQUOT, T. (a cura di). *Villes et civilisation urbaine*. Paris, 1992.
TEUTEBERG, H. J. (a cura di). *Urbanisierung im 19. und 20. Jahrhundert. Historische und geographische Aspekte*. Köln, 1983.

197

VILLANI, P. La città europea nell' età industriale. In: ROSSI, P. (a cura di). *Modelli di città*, Torino, 1987.

1. Forma e Limites da Cidade

BEAUMONT-MAILLOT, L. (a cura di). *Atget Paris*, Paris, 1992.
BERGERON, L. *Parigi*, Roma/Bari, 1989.
BORSI, F. *La capitale a Firenze e l'opera di Giuseppe Poggi*. Firenze, 1970.
COHEN, J.L.; LORTIE, A. *Des fortif au périf. Paris, les seuils de la ville*. Paris, 1991.
DE CARS, J.; PINON, P. *Paris-Haussmann*. Paris, 1991.
DE SETA, C. (a cura di). *Le città capitali*. Roma/Bari, 1985.
_____ (a cura di). *La città e le mura*. Roma/Bari, 1989.
HOBHOUSE, H. *Thomas Cubitt, Master Builder*. London, 1971.
_____. *A History of Regent Park*. London, 1975.
HOBSBAWM, E. J. *L'età degli imperi, 1875-1914*. Roma/Bari, 2000 (ed. orig. inglesa 1977).
LAVEDAN, P. *Histoire de Paris*. Paris, 1967.
LAVEDAN, P. et al. *Il Barone Haussmann Prefetto della Senna 1853-1870*. Milano, 1978 (ed. orig. francesa 1953).
LONDEI, E. *La Parigi di Haussmann: la trasformazione urbanistica di Parigi durante il secondo Impero*. Roma, 1982.
MICHEL, B. *Histoire de Prague*. Paris, 1998.
LE MURA *di Parma*. Parma, 3 v., 1974-79.
OLSEN, D. *The Growth of Victorian London*. Harmondsworth, 1976.
SHEPHARD, F. H. W. *Mid-Victorian London*. London/Berkeley, 1971.
SUMMERSON, J. *Georgian London*. Harmondsworth, 1971 (ed. orig. 1948).
SUTCLIFFE, A. *Paris. An Architectural History*. London/New Haven, 1993.

2. A Teoria: A Cidade como Sujeito Especializado

ASHWORTH, W. *L'urbanistica moderna in Gran Bretagna, 1800-1950*. Milano, 1974.
BOOTH, C. *Life and Labour of the People in London*, London 1899-1902, 3 v.
CALABI, D. *Il "male" città. Diagnosi e terapia*. Roma, 1979.
_____. *Storia dell'urbanistica europea*. Milano, 2000.
CATTANEO, C. *La città come principio*. A cura di M. Brusatin. Padova, 1972 (ed. orig. 1958).
CERDÀ, I. *Teoria generale dell'urbanizzazione*. A cura di A. Lopez de Aberasturi. Milano, 1984 (ed. orig. espanhola 1867).
CHOAY, F. *La città. Utopie e realtà*. Torino, 1973, 2v (ed. orig. francesa 1965)
COLLINS, G. R.; CRASEMANN COLLINS, C. *Camillo Sitte: the birth of modern city planning*. New York, 1986 (ed. orig. 1965).
FORTIER, B. *La métropole imaginaire, un atlas de Paris*. Liège/Bruxelles, 1998.
FUSTEL DE COULANGES, N.-D. *La cité antique*. Paris, 1864.
PICCINATO, G. (a cura di). *La costruzione dell'urbanistica. Germania 1871-1914*. Con un'antologia di scritti a cura di D. Calabi. Roma, 1974.

PICON, A.; ROBERT, J.P. *Le dessus des cartes. Un atlas parisien*. Paris, 1999.
SUTCLIFFE, A. *The Rise of Modern Town Planning. 1800-1914*. London, 1980.
WIECZOREK, D. *Camillo Sitte e gli inizi dell'urbanistica moderna*. Milano, 1994 (ed. orig. francesa 1981).
ZUCCONI, G. *La città contesa. Dagli ingegneri sanitari agli urbanisti, 1885-1942*. Milano, 1989.
_____. Corcira Britannica (1814-1864). Architecture and Urban Strategies in Capital of the Ionian State. In: CONCINA, E.; NIKYFOROU, A. (a cura di). *Corfu: History, Urban Space and Architecture, 14th-19th Centuries*. Corfu, 1994 (catálogo da mostra).

3. Linhas, Redes e Fluxos

BIGATTI, G.; GIUNTINI, A.; MANTEGAZZA, A.; ROTONDI, C. *L'aqua e il gas in Italia*. Milano, 1997.
CAPUZZO, P. *Vienna da città a metropoli*. Milano, 1998.
CASTRONOVO, V. (a cura di). *Dalla luce all'energia. Storia dell'Italgas*. Torino, 1987.
DICKINSON, H. W. *Water Supplies of Greater London*. London, 1954.
GASPARI, O. *L'Italia dei municipi. Il movimento comunale in età liberale (1879- 1906)*. Roma, 1998.
GIOVANNINI, C. *Risanare le città. L'utopia igienista di fine Ottocento*. Milano, 1996.
GOUBERT, J. P. *La conquête de l'eau. L'avènement de la santé à l'âge industriel*. Paris, 1986.
GUERRAND, R. H. *L'aventure du métropolitain*. Paris, 1986.
GUILLERME, A. *Les temps de l'eau. La cité, l'eau et les techniques*. Seyssel, 1983.
_____. *Corps à corps sur la route; chemins, routes et organisations des services au XIXe siècle*. Paris, 1983.
MAFFEI, M. (a cura di). *L'acquedotto di Padova*. Padova, 2001.
PINON, P. (a cura di). Parigi e le vie d'acqua/Paris and its waterways. *Rassegna*, n. 29 (numero monografico), marzo, 1987.
SELVAFOLTA, O. (a cura di). *In tram. Storia e miti dei trasporti pubblici milanesi*. Milano, 1982.
WARNER Jr., S. *Streetcar Suburbs*. Cambridge Mass., 1976 (ed. orig. 1962).

4. Novos Equipamentos Urbanos

CIAPPARELLI, P. L. *Due secoli di teatri in Campania (1694-1896): teorie, progetti e realizzazioni*. Napoli, 1999.
DIXON, R.; MUTHESIUS, S. *Victorian Architecture*. London/New York/Toronto, 1978.
FAWCETT, J. (a cura di). *Seven Victorian Architects*. London, 1976.
HALL, T. *Planning Europe's Capital Cities*. London, 1997.
MACDONALD, A. (a cura di). Edimburgo. *Rassegna*, n. 64 (numero monografico), 1995.

MORACHIELLO, P.; TEYSSOT, G. (a cura di). *Le macchine imperfette. Architettura, programma, istituzioni nel XIX secolo*. Roma, 1980.
PATETTA, L. (a cura di). *L'idea della magnificenza civile. Architettura a Milano 1780-1848*. Milano, 1978.
PIRRONE, G. *Palermo, una capitale dal Settecento al Liberty*. Miano, 1989.
RASP, H. P. (a cura di). *Eine Stadt für 1000 Jahre. Münchner Bauten und Projekten für die Haupstadt*. München, 1981 (catálogo da mostra).
RECLUS, E. *Nouvelle géographie universelle. La terre et les hommes*, XI: *L'Afrique septentrionale*. Paris, 1886.
ROMANELLI, G. D. *Venezia Ottocento. L'architettura, l'urbanistica*. Venezia, 1988.
ROZZI, R. (a cura di). *La Milano del piano Beruto (1884-1889). Società, urbanistica e architettura nella seconda metà dell'Ottocento*. Milano, 1992, 2 v.
SCHORSKE, K. *Vienna fin-de-siècle. Politica e cultura*. Milano, 1981 (ed. orig. inglesa 1961).
SUMMERSON, J. *Victorian Architecture in England*. New York, 1970.
_____. *The Architecture of Victorian London*. Charlottesville, 1976.
VICTORIA AND Albert Museum. *Marble Halls. Drawings and Models for Victorian Secular Buildings*. London, 1973 (catálogo da mostra).
WATKIN, D.; MELLINGHOFF, T. *Architettura neoclassica tedesca 1740-1840*. Milano, 1990 (ed. orig. tedesca, l987).

5. Os Lugares do Habitar e os Lugares do Trabalho

BRIGGS A. *L'Inghilterra vittoriana. I personaggi e le città*. Roma, 1978 (ed. orig. inglesa 1963).
CHEVALIER, L. *Classi lavoratrici e classi pericolose. Parigi nella rivoluzione industriale*. Roma/Bari, 1976 (ed. orig. francesa 1958).
DYOS, H. J. (a cura di). *Victorian Suburb. A Study of the Growth of Cambewell*, con prefazione di J. Summerson. Leicester, 1977.
GEDDES, P. *Città in evoluzione*. Milano, 1976 (ed. orig. inglesa 1914).
GEIST, J. F.; KUVERS, K. *Das Berliner Mietshaus*. München, 1980-89, 3 v.
HANDLIN, O. *Boston's Immigrants*. Cambridge Mass., 1976 (ed. orig. 1941).
HEGEMANN, W. *La Berlino di pietra*. Milano, 1975 (ed. orig. tedesca 1930).
RASMUSSEN, S. E. *Londra città unica*. Roma, 1972 (ed. orig. inglesa 1937).
REPS, J. *La costruzione dell'America urbana*. Milano, 1980 (ed. orig. inglesa 1965).
ROBERTS, R. *The Classic Slum*. Harmondsworth, 1977 (ed. orig. 1971).
SMETS, M. *Charles Buls, i principi dell'arte urbana*. Roma, 1999 (S. ed. orig. francesa 1994).
STEDMAN JONES, G. *Londra nell'età vittoriana*. Bari, 1980 (ed. orig. inglesa 1971).
ZUCCONI, G. (a cura di). *Camillo Sitte e i suoi interpreti*. Milano, 1992.

6. Os Lugares do Útil e os Lugares da Cura

CASTELLANO, A.; SELVAFOLTA, O. (a cura di). *Costruire in Lombardia*. Milano, 1985.
CORBIN, A. *L'invenzione del mare*. Venezia, 1990 (ed. orig. francesa 1988).
_____. *L'avènement des loisirs, 1850-1950*. Paris, 1995.
DE SOUZA, R. *Nice capital d'hiver*. Paris, 1914.
GEIST, J. F. *Le passage: un type architectural du 19ème siècle*. Liège, 1982.
HAMON, P. *Expositions. Literature and Architecture in Nineteenth-Century France*. Berkeley/Los Angeles, 1992.
HERN, A. *The Seaside Holiday. The History of the English Seaside Resort*. New York, 1967.
INSTITUT FRANÇAIS D'ARCHITECTURE. *Villes d'eaux en France*. Paris, 1985.
LEMOINE, B. *Le Halles di Parigi*. Milano, 1984 (ed. orig. francesa 1980).
MACKAMAN, D. *Leisure Setting. Bourgeois Culture, Medicine and the Spa in Modern France*. Chicago/London, 1998.
MILLER, M. *The Bon Marché. Bourgeois Culture and the Department Store 1869-1920*. Princeton, 1981.
PEVSNER, N. *A History of Building Types*. London, 1976.
PORTER, R. *The Hospital in History*. London, 1989.

ÍNDICE DE LUGARES

Abbazia 184
Aberdeen 141
Aix-en-Provence 21
Aix-les-Bains 25, 181
Alexandria do Egito 16, 57, 132, 133, 146, 165
Amsterdã 15
Argel 133
Arras 21
Asmara 79
Atenas 14, 116, 117, 119, 131, 180

Babilônia 16, 57, 60
Baden Baden 29
Barcelona 15, 24, 72, 88, 125, 140, 143, 147, 185
Bath 26, 61
Belgrado 35, 36, 42
Berlim 28, 58, 60, 98, 101, 105, 117, 123, 124, 128, 140, 146, 149, 161-163, 173, 175, 192, 193

Biarritz 25
Biella 22
Birmingham 19, 20, 23, 100, 122
Bolonha 22, 44, 45n
Bonne 133
Boston 150
Bradford 122
Bratislava 33, 120
Brema 159
Bruges 97
Bruxelas 116, 129, 131, 178
Budapeste 32, 104, 131, 142, 177

Calcutá 16
Cancun 16
Cannes 26
Capri 184
Catania 22
Chicago 16, 17, 150, 151, 153-155
Christiania/Oslo 119
Cingapura 133

203

Cluj/Koloszvár 32
Colônia 15, 23, 44, 142
Copenhague 118, 119
Corfu 35, 42, 80, 86
Constantina 133
Constantinopla 16

Dakar 79
Deauville 149
Dresda 23
Duisburg 23
Dusseldorf 23

Edimburgo 71, 74, 116, 119, 140
Espálato 35, 80
Essen 23
Estocolmo 143, 163

Filadélfia 16, 150
Fiume 184, 185
Florença 22, 39, 44, 45n, 72, 98, 152, 191
Frankfurt 23

Gênova 22, 24, 185
Glasgow 19, 141
Grosswardein/Oradea Mar 35

Hamburgo 24, 142
Hangzhou 16
Heliopolis 184
Helsinque 119

Karlsbad/Karlovy Vary 26, 184
Karlstadt/Karlovac 35
Katowitz/Katowice 23
Kazan 35
Kharkov 35

La Spezia 25, 79
Le Creusot 24, 156
Le Havre 24
Leeds 22, 122, 123
Leith 158
Lion 15
Lipsi 23
Lisboa 15
Liverpool 19, 24, 29, 94, 122

Londres 15, 16, 18, 19, 22, 28, 51, 52, 54-61, 72, 75, 94, 98, 100, 112, 128, 139, 140, 147, 151, 152, 159, 161, 164, 170, 171, 173-176, 178, 180, 187, 195
Lubeca 159
Luca 40

Madri 14, 39, 70, 83, 93, 108-110
Magonza 97
Manchester 14, 19, 20, 22, 23, 122, 135, 166
Marselha 21, 24, 147, 184-186
Melbourne 18
Memel 32
Merano 184
Messina 22
Milão 22, 36, 39, 41, 44, 62, 73, 96, 102, 104, 121, 124-126, 136, 141, 152, 169, 176, 189, 191
Modena 97
Mônaco 184
Monte Carlo 26, 182-184
Montreal 147, 178
Moscou 28, 44, 172, 189
Mumbai 16, 133
Munique 38, 111, 116, 117, 134

Nantes 15
Nápoles 15, 22, 126, 191
New Lanark 156
Nice 26, 29, 181, 184, 185, 195
Norwich 123
Nottingham 123
Nova York 16-18, 75, 150, 151, 153, 178

Odessa 14, 24, 25, 79, 87, 184
Oran 133
Ostenda 181
Ostrava 23

Palermo 22, 125-127, 171
Paris 13, 15, 18, 26, 28, 34, 39, 41, 45-48, 52, 56-60, 67, 70, 72, 76, 92-94, 97, 98, 100, 102-106, 108, 113, 123, 125,

204

127, 128, 130, 139, 144, 149, 151, 157, 161, 166, 170-178, 183, 188, 190, 193, 194
Parma 39, 40, 98
Petersburgo/São Petersburgo 28, 118
Pisa 98
Plymouth 15
Pola 25
Positano 184
Potsdam 192
Praga 32-34, 120

Riga 32
Rio de Janeiro 16
Roma 14, 16, 22, 43n, 57, 72, 93, 97, 98, 108, 109, 128, 131, 191
Roterdã 24, 159
Roubaix 23

Saint-Étienne 23
Saint-Tropez 184
Salford 166
Salsomaggiore 26
San Remo 185
Santander 25

Scheveningen 181
Sheffield 20, 22
Sidney 18, 147

Tallinn 32
Temesvár/Timisoara 33, 35, 42, 64
Tientsin 16
Tourcoing 23
Trieste 24, 29, 142, 185
Tunísia 132
Turim 22, 39, 40, 98, 102, 177, 178
Turku/Åbo 32
Turnebridge Wells 26

Veneza 22, 69, 78, 85, 102, 112, 149
Verona 97, 98
Vichy 25, 181, 194
Viena 15, 28, 35, 39, 42, 44, 60, 63, 73, 98, 116, 124, 128, 137, 143, 146, 159, 161, 176, 177, 193

Yalta 184

Zara 80

205

URBANISMO NA PERSPECTIVA

Planejamento Urbano – Le Corbusier (D037)
Os Três Estabelecimentos Humanos – Le Corbusier (D096)
Cidades: O Substantivo e o Adjetivo – Jorge Wilheim (D114)
Escritura Urbana – Eduardo de Oliveira Elias (D225)
Crise das Matrizes Espaciais – Fábio Duarte (D287)
Primeira Lição de Urbanismo – Bernardo Secchi (D306)
A (Des)Construção do Caos – Sergio Kon e Fábio Duarte (orgs.) (D311)
A Cidade do Primeiro Renascimento – Donattela Calabi (D316)
A Cidade do Século Vinte – Bernardo Secchi (D318)
A Cidade do Século XIX – Guido Zucconi (D319)
O Urbanismo – Françoise Choay (E067)
A Regra e o Modelo – Françoise Choay (E088)
Cidades do Amanhã – Peter Hall (E123)
Metrópole: Abstração – Ricardo Marques de Azevedo (E224)
História do Urbanismo Europeu – Donatella Calabi (E295)
Área da Luz – R. de Cerqueira Cesar, Paulo Bruna, Luiz Franco (LSC)
Cidades Para Pessoas – Jan Ghel (LSC)
História da Cidade – Leonardo Benevolo (LSC)

Este livro foi impresso na cidade de Cotia,
em outubro de 2016, nas oficinas da MetaSolutions,
para a Editora Perspectiva.